Braun / König
Abfallwirtschaft •
Gütertransportwirtschaft

Praxis der Unternehmensführung

Klaus König

Abfallwirtschaft

Stefan Braun

Gütertransportwirtschaft

Abfallwirtschaftliche Ziele
Abfallwirtschaftlicher Planungsprozeß
Abfallwirtschaftliche Marktforschung
Grundfragen der Entsorgung
Gesetzliche Grundlagen

***

Güterverkehrsträger
Transportkosten und Tarife
Haftungsgrundlagen
Transportversicherung

GABLER

Die Deutsche Bibliothek – CIP-Einheitsaufnahme

König, Klaus:
Abfallwirtschaft / Klaus König. Gütertransportwirtschaft /
Stefan Braun. – Wiesbaden : Gabler, 1996
(Praxis der Unternehmensführung)
ISBN 978-3-409-17928-7   ISBN 978-3-322-91311-1 (eBook)
DOI 10.1007/978-3-322-91311-1
NE: Braun, Stefan: Gütertransportwirtschaft

Der Gabler Verlag ist ein Unternehmen der Bertelsmann Fachinformation.
© Betriebswirtschaftlicher Verlag Dr. Th. Gabler GmbH, Wiesbaden 1996
Lektorat: Dr. Walter Nachtigall

Das Werk einschließlich aller seiner Teile ist urheberrechtlich geschützt. Jede Verwertung außerhalb der engen Grenzen des Urheberrechtsgesetzes ist ohne Zustimmung des Verlages unzulässig und strafbar. Das gilt insbesondere für Vervielfältigungen, Übersetzungen, Mikroverfilmungen und die Einspeicherung und Verarbeitung in elektronischen Systemen.

Höchste inhaltliche und technische Qualität unserer Produkte ist unser Ziel. Bei der Produkion und Verbreitung unserer Bücher wollen wir die Umwelt schonen. Dieses Buch ist auf säurefreiem und chlorfrei gebleichtem Papier gedruckt. Die Einschweißfolie besteht aus Polyäthylen und damit aus organischen Grundstoffen, die weder bei der Herstellung noch bei der Verbrennung Schadstoffe freisetzen.

Die Wiedergabe von Gebrauchsnamen, Handelsnamen, Warenbezeichnungen usw. in diesem Werk berechtigt auch ohne besondere Kennzeichnung nicht zu der Annahme, daß solche Namen im Sinne der Warenzeichen- und Markenschutz-Gesetzgebung als frei zu betrachten wären und daher von jedermann benutzt werden dürften.

Umschlaggestaltung: Susanne Ahlheim AGD, Weinheim
Satz: Text, Grafik & Software, Dresden

ISBN 978-3-409-17928-7

Inhalt

I Abfallwirtschaft

1 Abfallwirtschaftliche Ziele 1
  1.1 Bedeutung der abfallwirtschaftlichen Ziele
      für Umweltschutz und Volkswirtschaft 4
    1.1.1 Senkung der Umweltbelastung 4
    1.1.2 Schonung knapper Ressourcen 6
    1.1.3 Schonende Nutzung
          des knappen Deponieraums 7
  1.2 Begriffsbestimmungen 8
    1.2.1 Rückstände 9
    1.2.2 Unproblematische Stoffe und
          Problemstoffe 10
    1.2.3 Entsorgung 11
    1.2.4 Abfall oder Wirtschaftsgut............. 12
  1.3 Abfallvermeidung als Mittel der Zielerreichung ... 13
  1.4 Grenzen der Zielerreichung 16
    1.4.1 Kosten............................. 16
    1.4.2 Wettbewerb......................... 17

2 Abfallwirtschaftlicher Planungsprozeß 19
  2.1 Erfassen des Ist-Zustandes 20
  2.2 Analyse 22
  2.3 Definition des Soll-Zustandes 22
  2.4 Planung 23
  2.5 Realisation............................... 24
  2.6 Kontrolle 24

3 Abfallwirtschaftliche Marktforschung 26
  3.1 Marktforschung zur Vermeidung
      oder Verringerung von Abfällen 29
  3.2 Marktforschung zur Verwertung
      von Reststoffen 30
  3.3 Marktforschung zur Entsorgung
      von Abfällen 31

4 Entsorgung als Teil der Materialwirtschaft 33
  4.1 Anforderungsprofile der Mitarbeiter 36
  4.2 Schnittstellen mit anderen
      Unternehmensbereichen 37
      4.2.1 Konstruktion und Entwicklung 37
      4.2.2 Produktion 39
      4.2.3 Qualitätssicherung 39
      4.2.4 Absatz 40
      4.2.5 Finanz- und Rechnungswesen 41
  4.3 Möglichkeiten der betrieblichen Entsorgung 41
      4.3.1 Möglichkeiten der Verwertung 43
      4.3.2 Möglichkeiten der Abfallentsorgung 49

5 Gesetzliche Grundlagen 54
  5.1 Abfallgesetz 55
  5.2 Abfall-Bestimmungs-Verordnung 58
  5.3 Abfall- und Reststoffüberwachungs-
      Verordnung 59
  5.4 Gefahrgutverordnung Straße 62
  5.5 Kreislaufwirtschafts- und Abfallgesetz 65

II Grundlagen der Gütertransportwirtschaft

1 Verkehrsträger ... 69
  1.1 Allgemeines ... 69
  1.2 Eisenbahnverkehr ... 71
  1.3 Güterkraftverkehr ... 74
  1.4 Luftverkehr ... 76
  1.5 Binnenschiffahrt ... 78
  1.6 Seeschiffahrt ... 78
  1.7 Spedition ... 79

2 Transportkosten und Tarife ... 81
  2.1 Allgemeines ... 81
  2.2 Eisenbahn ... 82
  2.3 Lastkraftwagen ... 83
  2.4 Flugzeug ... 84
  2.5 Seeschiff ... 86
  2.6 Binnenschiff ... 86

3 Haftungsgrundlagen und Transportversicherung ... 87
  3.1 Haftungsgrundlagen ... 87
  3.2 Schadensabwicklung ... 88
  3.3 Transportversicherung ... 89

Literaturverzeichnis ... 93

Stichwortverzeichnis ... 97

I Abfallwirtschaft

1 Abfallwirtschaftliche Ziele

Während die Abfallwirtschaft in der Vergangenheit eher einen Grenzbereich der Materialwirtschaft darstellte, gewinnt sie in den letzten Jahren zusehends an Bedeutung. Die Ursachen hierfür sind vielfältig.

Zum einen sind bereits heute aufgrund von Fehlern der Vergangenheit nicht mehr reparable Umweltschäden feststellbar. Gefragt sind deshalb neben einer Änderung der Verbrauchergewohnheiten vor allem innovative Kräfte, die darauf gerichtet sind, Produkte und Produktionsverfahren mit möglichst geringem Umweltgefährdungspotential zu entwickeln. Der Materialwirtschaft fällt hierbei über die am Markt wirksame Nachfrage eine steuernde Rolle zu.

Zum anderen gilt es, die nicht vermeidbaren Abfälle zu minimieren, auf möglichst unproblematische Abfälle zu beschränken und diese einer geordneten Beseitigung zuzuführen, wenn eine Wiederverwertung/Weiterverwertung nicht gegeben ist. Auch hier ist die Materialwirtschaft mit ihren engen Kontakten zum Markt und ihren Materialkenntnissen besonders gefordert. Darüber hinaus bedingt der *EU-Binnenmarkt* ein Umdenken auch im abfallwirtschaftlichen Bereich. Einen ungezügelten Export von Abfällen wird es sicherlich nicht geben, wohl aber eine Orientierung an internationalen Beschaffungsmärkten mit einem erweiterten Spektrum an umweltschonenden Produkten.

Ausgangspunkt unserer Betrachtung sind die abfallwirtschaftlichen Ziele. Die Frage nach den abfallwirtschaftlichen Zielen impliziert Überlegungen nach den Mitteln, mit denen diesen Zielen entsprochen werden kann. Da abfallwirtschaftliches Handeln tunlichst nicht „aus dem hohlen Bauch" erfolgen sollte, ist es erforderlich, die mit diesem Handeln in Verbindung stehenden Schritte eingehend zu planen, das heißt, den abfallwirtschaftlichen Prozeß von der Problemdefinition bis zur Kontrolle steuernd zu verfolgen.

Wie auch die Absatzwirtschaft bedient sich die Abfallwirtschaft der Marktforschung zur Gewinnung von Informationen, die, je nach dem Zweck ihrer Verwendung, zur Zielerreichung einzusetzen sind. Neben den Anforderungen an die Informationen stellt die Abfallwirtschaft neue Anforderungen an den qualifizierten Mitarbeiter, nicht zuletzt wegen der Schnittstellen mit anderen Unternehmensbereichen. Zum Rüstzeug dieser Materialwirtschaftler gehört unabdingbar die genaue Kenntnis der verschiedenen Entsorgungsmöglichkeiten. Darüber hinaus nimmt der gesetzliche Rahmen einen immer größeren Raum ein.

Unter Abfallwirtschaft im Sinne dieses Buches ist die „Gesamtheit der planmäßigen Aktionen und die Organisation der Systeme, welche der Behandlung der Abfallstoffe in Wirtschaftseinheiten dienen", zu verstehen (Bloech, S. 34). Zur Diskussion der abfallwirtschaftlichen Ziele und ihrer Bedeutung für die Volkswirtschaft und den Umweltschutz ist es erforderlich, mit Hilfe einer geeigneten Zielsystematik eine eindeutige Zuordnung dieser Ziele vorzunehmen.

Ziele können grundsätzlich „als generelle Imperative" (Heinen, S. 97) aufgefaßt werden; sie beschreiben zukünftige Realitätszustände, die durch Aktionen erreicht, erhalten oder verhindert werden sollen (vgl. Koppelmann, S. 198). Bildet man nun eine Hierarchie der Ziele, die dadurch gekennzeichnet ist, daß zwischen den einzelnen Hierarchieebenen jeweils eine Mittel-Zweck-Relation besteht, so sind lediglich die an der Spitze dieser Hierarchie stehenden Unternehmensziele (Basisziele) nicht Mittel zur Erreichung eines übergeordneten Ziels.

Abbildung 1 soll einige wichtige Basisziele von Unternehmen veranschaulichen.

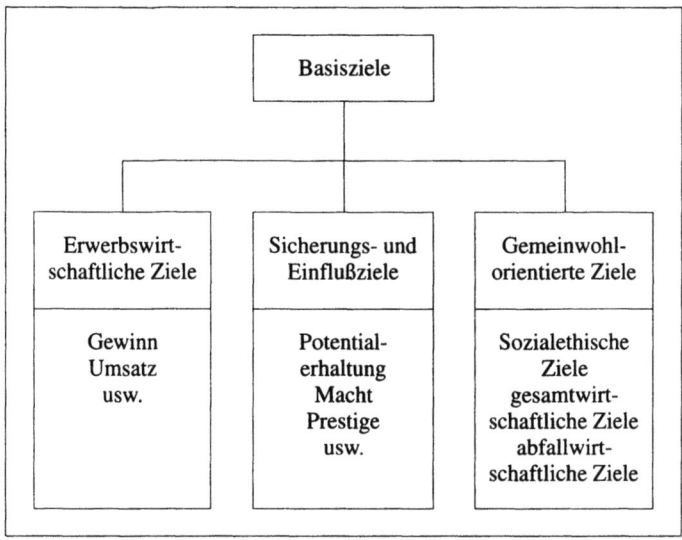

Abbildung 1: Wichtige Basisziele (vgl. Hildebrandt, S. 39, Koppelmann, S. 203)

Abfallwirtschaftliche Ziele lassen sich unter den gemeinwohlorientierten Zielen einordnen. Gemeinwohlorientierte Ziele nämlich erfahren ihre inhaltliche Definition aus der Zwecksetzung einer übergeordneten Gesamtheit, zum Beispiel politischen, weltanschaulichen karitativen oder gesamtwirtschaftlichen Interessen.

Grundsätzlich ist es bei der Verfolgung dieser Ziele unerheblich, ob und inwieweit sich eine positive oder negative Relation zu den anderen Zielen, zum Beispiel Kostenzielen, ergibt. Allerdings wird die Durchsetzbarkeit abfallwirtschaftlicher Ziele erleichtert, wenn mit ihr die Realisierung anderer Ziele, zum Beispiel „Kosten senken", zumindest nicht negativ beeinträchtigt wird.

Wenden wir uns nun den abfallwirtschaftlichen Zielen im einzelnen zu, so wollen wir zunächst die Bedeutung dieser Ziele für den

Umweltschutz und die Volkswirtschaft als Ganzes skizzieren. Im Anschluß an eine Definition der wichtigen abfallwirtschaftlichen Begriffe sollen die Mittel, aber auch die Grenzen der Zielerreichung dargestellt werden.

1.1 Bedeutung der abfallwirtschaftlichen Ziele für Umweltschutz und Volkswirtschaft

Werden von einem Unternehmen abfallwirtschaftliche Ziele verfolgt, so ergeben sich hieraus Konsequenzen, die den Umweltschutz und die Volkswirtschaft betreffen. Dieser Zusammenhang soll verdeutlicht werden anhand von drei wichtigen Einzelzielen:

- Senkung der Umweltbelastung,

- Schonung knapper Ressourcen,

- schonende Nutzung des knappen Deponieraums.

1.1.1 Senkung der Umweltbelastung

Aussagen darüber, in welcher Weise und in welchem Ausmaß die Umwelt durch Industrie und Haushalte belastet wird, können wir täglich den einschlägigen Medien entnehmen. Blom nennt hierfür einige sehr eindringliche Beispiele (1989, S. 2 ff.).

- Noch Ende der 80er Jahre gelangten Abwässer der Industrie und Haushalte etwa zur Hälfte nicht oder nur unzureichend gereinigt in unsere Flüsse und Seen.

- Jährlich werden ca. 160 Millionen Tonnen Müll in der Nordsee entsorgt, dies entspricht einem Güterzug von etwa 65 000 km Länge.
- Bereits heute sind Auswirkungen der Fluorchlorkohlenwasserstoff-Belastungen in der Atmosphäre feststellbar; der Begriff „Ozonloch" ist immer noch Ansatz für mannigfaltige Diskussionen.

Schon dieses exemplarische Aufzeigen offenkundiger Umweltbelastungen verdeutlicht, daß Maßnahmen zu ergreifen sind, auf die später noch im einzelnen eingegangen werden soll, will man zumindest den augenblicklichen Status quo erhalten oder langfristig verbessern.

Gefragt ist hierbei die Entwicklung neuer Technologien, gefragt sind aber auch Strategien für eine Materialverwertung mit möglichst wenig Reststoffen und für Produktionsverfahren mit möglichst geringer Umweltbeeinträchtigung.

Am Beispiel der Abgaskatalyse zeigt sich deutlich, daß mit dem Ziel „Senkung der Umweltbelastung" sowohl ökologische als auch volkswirtschaftliche Positiveffekte verbunden sein können. Schadstoffemissionen erschweren die Photosynthese der Pflanzen – ein chemischer Prozeß, bei dem Sauerstoff frei wird. Ein nicht unerheblicher Teil dieser Emissionen rührt vom Straßenverkehr her. Schwefel- und Stickoxide fallen nach ihrer Reaktion in der Atmosphäre als saurer Regen. 55 Prozent der Stickoxide, 34 Prozent der Kohlenwasserstoffe (Hauptverursacher für das Freiwerden von Ozon) und das gesamte Blei in der Luft entstammen dem Betrieb von Kraftfahrzeugen. Geregelte Dreiwege-Katalysatoren sorgen für eine Reaktion der Stickoxide zu Stickstoff und Sauerstoff, Kohlenwasserstoffe und Kohlenmonoxid reagieren zu Wasserdampf und Kohlendioxid.

Neben einer Senkung der Emissionswerte von Stickoxiden, Kohlenmonoxid und Kohlenwasserstoffen durch den Einsatz von geregelten Katalysatoren für Kraftfahrzeuge wurden gleichzeitig neue Arbeitsplätze geschaffen beziehungsweise vorhandene Arbeitsplätze gesichert.

1.1.2 Schonung knapper Ressourcen

In der ökonomischen Theorie fassen wir unter Ressourcen alle Mittel zusammen, die in die Produktion von Gütern und Dienstleistungen eingehen (Gabler Wirtschafts-Lexikon, 13. Aufl. 1994, Sp. 2831 ff.). Sie werden unterteilt in Arbeit und Kapital. Dabei umfaßt Arbeit die physische und psychische Leistungsfähigkeit der Beschäftigten, Kapital dagegen alle Maschinen, Gebäude, Bodenflächen, Bodenschätze, Wasserkräfte und Klima.

Hinsichtlich des Einsatzes von Ressourcen bei der Produktion von Gütern und Dienstleistungen ist grundsätzlich rational und damit sparsam zu verfahren. Dieses Vorgehen erfährt seine Begründung betriebswirtschaftlich darin, daß mit dem Einsatz dieser Faktoren in der Regel Kosten verbunden sind, die es zu optimieren gilt.

Volkswirtschaftlich geht es darum, mit Verwendung der Ressourcen eine möglichst hohe Versorgung im Sinne der Wohlfahrtstheorie zu erreichen. Viele dieser Ressourcen, wie zum Beispiel Rohstoffe, sind nicht beliebig vermehrbar und ihre Verfügbarkeit ist begrenzt. Diesen Aspekt wollen wir unter dem Begriff „knappe Ressourcen" fassen.

Im Sinne der Zielsetzung „Schonung knapper Ressourcen" geht es somit darum, zum einen den Einsatz dieser Ressourcen selbst zu reduzieren, zum anderen aber auch darum, die einzusetzenden Produktionsfaktoren durch andere mit geringerem Knappheitsgrad zu substituieren. Gleichzeitig sind die im Zuge der Produktion anfallenden Reststoffe nach Möglichkeit dem Wirtschaftskreislauf wiederzuzuführen, das heißt, Stoffe wiederzuverwenden beziehungsweise weiterzuverwerten, aber auch zu verkaufen oder rückzugewinnen. Auf die einzelnen Methoden der Entsorgung, in die die Materialwirtschaft als wesentlicher Faktor involviert ist, wird später noch ausführlich eingegangen.

Festzuhalten bleibt, daß mit den natürlichen Ressourcen das Produktionsvermögen einer Volkswirtschaft angesprochen wird, das es zu erhalten gilt, will man auch zukünftig die mit dem Begriff „Lebensqualität" umschriebenen Annehmlichkeiten wahrnehmen.

1.1.3 Schonende Nutzung des knappen Deponieraums

Deponieraum stellt als natürlich Ressource ein nicht vermehrbares, knappes Gut dar. Im Falle eines Schadens sind Deponien nicht oder nur äußerst schwer instandzusetzen.

Da eine Schadensverursachung in jedem Fall auf den deponierten Abfall, nicht aber auf die Deponie zurückzuführen ist, kommt es darauf an, Deponien nur mit Abfällen zu belasten, die sich für andere umweltschonendere Verfahren nicht eignen, die aber gleichzeitig ein möglichst geringes Gefährdungspotential aufweisen. Darüber hinaus ist zu prüfen, inwieweit eine Vorbehandlung des Abfalls erforderlich beziehungsweise sinnvoll ist, bevor die Ablagerung auf einer Deponie erfolgt.

Die bereits erwähnte Knappheit des Deponieraums ist nicht zuletzt auf die Anforderungen an die geologischen Voraussetzungen für die Errichtung zurückzuführen. Nicht jede freie Landfläche eignet sich dazu, Abfälle aufzunehmen. Vielmehr sind Deponien zu bewirtschaften, die Errichtung und das Betreiben von Deponien unterliegen Richtlinien, wie etwa der TA-Abfall.

Der schonende Umgang mit dem knappen Deponieraum sichert Ressourcen. Dies ist um so notwendiger als die heute gesetzte Deponiekapazität an ihre Grenze stößt. Der Erschließung neuer

Deponien sind neben den geologischen Voraussetzungen auch durch den Widerstand der jeweils betroffenen Bevölkerung Grenzen gesetzt.

Gefordert sind deshalb grundsätzlich, wie schon bei den zuvor beschriebenen Zielen, zunächst die Vermeidung und die Verwertung. Vorstufe hierzu und für jeden Haushalt nachvollziehbar ist die Separierung, wie zum Beispiel nach Glas, Papier und Aluminium. Diese Reststoffe gehören nicht auf eine Deponie, sondern sind wertvolle Rohstoffe, die dem Wirtschaftskreislauf wieder zugeführt werden müssen.

Darüber hinaus sind Abfälle je nach ihrem Gefährdungspotential nur der Deponie zuzuführen, die aufgrund ihrer Auslegung in der Lage ist, sie auch risikolos aufzunehmen. Wir unterscheiden hierbei zwischen Hausmüll- und Sonderabfalldeponie.

Eine auf diese Weise geordnete Entsorgung von Abfällen über eine Deponie minimiert unter volkswirtschaftlichen Aspekten die Kosten der Beseitigung, und unter ökologischen Gesichtspunkten wird die Umwelt von den Abfällen entlastet, die in einem Vorprozeß dem Abfallstrom entzogen werden beziehungsweise auf eine die Umwelt schonendere Weise entsorgt werden konnten.

1.2 Begriffsbestimmungen

Bereits die vorstehende Darstellung abfallwirtschaftlicher Ziele machte deutlich, daß die Abfallwirtschaft über eine Fülle fachspezifischer Begriffe verfügt. Im folgenden sollen einige wichtige dieser Begriffe erläutert und inhaltlich präzisiert werden. Da sie nicht unabhängig voneinander zu betrachten sind, sondern in einem Sinnzusammenhang stehen, sollen gleichzeitig die Interdependenzen aufgezeigt werden. Die nachstehende Abbildung gibt einen Überblick über die zu erläuternden Begriffe.

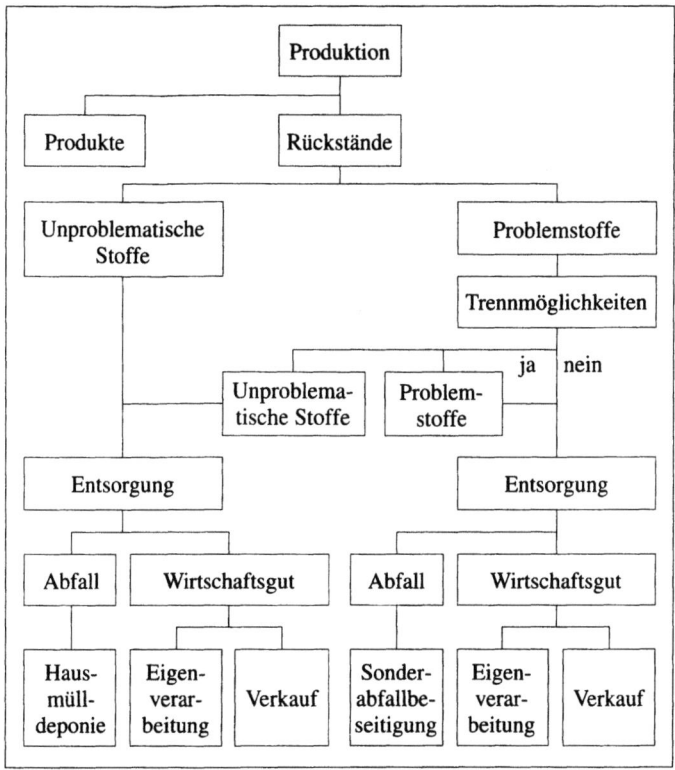

Abbildung 2: Einige relevante abfallwirtschaftliche Begriffe (vgl.: Arbeitsgruppe Entsorgung BME AK Essen, S. 6 ff.)

1.2.1 Rückstände

Trotz einer zunehmenden technologischen Perfektionierung des Produktionsprozesses und eines gestiegenen Bewußtseins für das Erkennen von Abfallstoffen erscheint eine Produktion ohne unerwünschte Begleitstoffe zur Zeit nicht möglich. Neben den Produkten selbst fallen also bei der Produktion feste, flüssige oder schlammige Stoffe an, die wir als Rückstände bezeichnen wollen. Bei diesen Rückständen kann es sich sowohl um verwertbare Stoffe (Reststoffe) als auch um nicht verwertbare Abfälle (hierunter sind auch Abwässer zu verstehen) handeln.

Zur weiteren Behandlung der Rückstände ist dementsprechend zunächst eine Klassifizierung der Stoffe nach ihrem Problemcharakter erforderlich. Dies kann in einigen Fällen durch bloße Inaugenscheinnahme erfolgen, in anderen Fällen ist eine chemische Analyse notwendig. Des weiteren können Herstellerinformationen hilfreich sein, die Inhaltsstoffe und damit die Einteilung in unproblematische Stoffe oder Problemstoffe festzulegen.

1.2.2 Unproblematische Stoffe und Problemstoffe

Stoffe, die dadurch gekennzeichnet sind, daß ihre Entsorgung entsprechend der geltenden Gesetzgebung keinen besonderen zusätzlichen Anforderungen unterliegt, wollen wir als unproblematische Stoffe bezeichnen. Obwohl diese Stoffe nach der Abfallbestimmungsverordnung in der Regel nicht als Sonderabfallstoffe einzustufen sind, ist Vorsicht angebracht, da nicht auszuschließen ist, daß die Handhabung in einzelnen Bundesländern abweichend hiervon die Behandlung als Sonderabfall beziehungsweise Problemstoff vorschreibt.

Bei der Entsorgung von Problemstoffen ist in besonderem Maße auf die Einhaltung der gesetzlichen Bestimmungen und Verordnungen zu achten. Problemstoffe sind durch ein erhöhtes Gefährdungspotential gekennzeichnet. Dabei ist die Gefährlichkeit sowohl der unproblematischen als auch der Problemstoffe nicht relevant für ihre Klassifizierung als Abfall oder Wirtschaftsgut.

Da Problemstoffe besonderen Auflagen bei der Lagerung, dem Transport und der Behandlung unterliegen, ist auch aus diesem Grund anzustreben, ihren Anteil möglichst gering zu halten. Aus diesem Grunde ist zu prüfen, ob die als Problemstoff eingestuften Güter unproblematische Stoffe enthalten und ob eine Trennung möglich und sinnvoll ist. Hierbei sind insbesondere wirtschaftliche Gesichtspunkte zu berücksichtigen. Eine Trennung kann zwar technisch möglich sein, ist aber unter Umständen mit so hohem Aufwand verbunden, daß im Einzelfall von ihr abgeraten werden muß. Dies gilt um so mehr, als beim Trennungsvorgang Problemstoffe zurückbleiben, die schließlich dem gleichen Handling unterliegen.

1.2.3 Entsorgung

Der Begriff Entsorgung beinhaltet „planende und ausführende Tätigkeiten der Verwertung und Beseitigung von Abfall- und Überschußmaterial, Schadstoffen und nicht benötigten Materialien und Anlagen sowie von Ersatz- und Reserveteilen" (Fieten, S. 26). Damit sind neben der Einstufung der Stoffe in Abfall oder Wirtschaftsgut (siehe 1.2.4) und der Entsorgungsplanung das Sammeln, Befördern, Behandeln, Lagern und Ablagern der zu entsorgenden Stoffe angesprochen.

Kriterium für den Einsatz der hierunter zu subsumierenden Methoden ist zum einen die Eignung, zum anderen die rechtliche Zulässigkeit. Entsorgung umfaßt also als Oberbegriff sowohl den technischen als auch den administrativen Ablauf und bezieht sich sowohl auf innerbetriebliche Abläufe wie auch auf Vorgänge, die zwischen Unternehmen und ihrer Umwelt abgewickelt werden.

Da sich der Entsorgungsbegriff im Hinblick auf die Handhabung der zu entsorgenden Stoffe auf Abfälle, aber auch auf verwertbare Stoffe bezieht, ist zunächst eine entsprechende Differenzierung vorzunehmen, die die Richtung der zu ergreifenden Methode für die Behandlung der Stoffe weist.

1.2.4 Abfall oder Wirtschaftsgut

Der Gesetzgeber definiert Abfälle als „bewegliche Sachen, deren sich der Besitzer entledigen will oder deren geordnete Entsorgung zur Wahrung des Wohls der Allgemeinheit, insbesondere des Schutzes der Umwelt, geboten ist. Bewegliche Sachen, die der Besitzer der entsorgungspflichtigen Körperschaft oder dem von dieser beauftragten Dritten überläßt, sind auch im Falle der Verwertung Abfälle, bis sie oder die aus ihnen gewonnenen Stoffe oder erzeugte Energie dem Wirtschaftskreislauf zugeführt werden." (§ 1 Absatz 1 Abfallgesetz – AbfG).

Damit sind zwei Bestandteile des Abfallbegriffs erkennbar, nämlich der subjektive und der objektive Bestandteil. Subjektiv ist unter Abfall jede bewegliche Sache zu verstehen, deren sich der Besitzer entledigen will. Damit ist es im Sinne dieses subjektiven Abfallbegriffs unerheblich, welchen Wert diese Sache darstellt, noch ist der Grund ihrer Verwendbarkeit oder Gefährlichkeit ausschlaggebend für ihre Klassifizierung als Abfall. Darüber hinaus kann eine vom Besitzer als Abfall deklarierte Sache für einen Dritten zwar als Wirtschaftsgut aufgefaßt werden, sie bleibt zunächst aufgrund des Entledigungswillens des Besitzers Abfall.

Als objektiver Bestandteil dieser Definition sind unter Abfall alle beweglichen Sachen zu verstehen, deren geordnete Beseitigung das Wohl der Allgemeinheit, insbesondere der Schutz der Umwelt, verlangt. Für diese Zuordnung einer Sache zum Abfall ist der Entledigungswille des Besitzers nicht relevant, sie kann sogar gegen seinen Willen erfolgen.

Grundsätzlich jedoch gilt: Bewegliche Sachen bleiben solange dem Zugriff des Abfallgesetzes entzogen, wie der Besitzer sie als Wirtschaftsgüter betrachtet, es sei denn, es ist für jedermann erkennbar, daß es sich um gefährliche Abfallstoffe handelt, die es im Interesse des Wohles der Allgemeinheit zu beseitigen gilt (vgl. Panz, S. 8).

Während der Abfallbegriff im Absatzgesetz einen breiten Raum einnimmt und inhaltlich hinreichend erschlossen scheint, fehlt dennoch eine Abgrenzung zum Begriff Wirtschaftsgut, also eine Legaldefinition dessen, was keine Abfälle sind. Diese Lücke zu füllen ist schon deshalb erforderlich, weil mit ihr erhebliche rechtliche Konsequenzen verbunden sind. Diese Konsequenzen beziehen sich sowohl auf den Nachweis des Verbleibs als auch auf die Lagerung beziehungsweise Zwischenlagerung und den Transport.

Allgemein läßt sich ein Wirtschaftsgut als Reststoff bezeichnen, der dem Wirtschaftskreislauf erhalten bleibt (vgl. Arbeitsgruppe Entsorgung, S. 36). Dies schließt jedoch nicht aus, daß ein einmal als Wirtschaftsgut betrachteter Stoff schließlich Abfall wird oder daß ein dem Abfall zugerechneter Stoff, etwa durch steigende Nachfrage, zum Wirtschaftsgut erwächst.

Die Zuordnung der Rückstände bestimmt, welches Entsorgungsverfahren durchzuführen ist. Die einzelnen Verfahren sind in Abschnitt 4.3 Gegenstand einer gesonderten Betrachtung.

1.3 Abfallvermeidung als Mittel der Zielerreichung

In der Wirtschaft der fünfziger und sechziger Jahre waren Produktion und Wachstum die beherrschenden Begriffe; Umweltschutz und Abfallwirtschaft waren als Themen nicht diskussionswürdig. Als Folge dieses Handelns, besser Nichthandelns, wurden bei einer im Zusammenhang mit der Verabschiedung des Umweltprogrammes der Bundesregierung 1971 durchgeführten Bestandsaufnahme besorgniserregende Fakten sichtbar (vgl. Bundesminister für Umweltschutz, ..., S. 17):

- Über 90 Prozent aller Abfälle wurden ungeordnet abgelagert;

- große Teile der Bevölkerung waren nicht an eine geregelte Sammlung und Abfuhr von Abfällen angeschlossen;

- in der Bundesrepublik gab es tausende wilder und ungeordneter Müllplätze;

- in Bund, Ländern und Gemeinden gab es unterschiedliche und teils lückenhafte gesetzliche und organisatorische Regelungen;

- neben Fachpersonal und Ausbildungsplätzen fehlte es sowohl an statistischem Material als auch an Forschungsmöglichkeiten.

Zur einheitlichen Regelung der Abfallbeseitigung wurde deshalb am 11. Juni 1972 das Abfallbeseitigungsgesetz (AbfG) erlassen. Mit diesem Bundesgesetz wurde für die Abfallbeseitigung eine neue Rechtsgrundlage geschaffen. Das Gesetz war entsprechend seiner Bezeichnung vorrangig auf die eigentliche Beseitigung der Abfälle gerichtet und zeigte dort seine Wirkung. Nach und nach wurden ca. 45 000 weitgehend nicht kontrollierte Müllplätze geschlossen.

Die permanente Aktualisierung der Gesetzgebung führte schließlich zum Abfallgesetz – AbfG, das seit dem 1. November 1986 in Kraft ist. In ihm wird den abfallwirtschaftlichen Zielen (vgl. Abschnitt 1.1) schon im Titel „Gesetz über die Vermeidung und Entsorgung von Abfällen" Rechnung getragen. Das Abfallgesetz setzt hier Prioritäten fest, nach denen der Abfallvermeidung der Vorrang vor der Abfallverwertung und der Abfallverwertung Vorrang vor der Beseitigung einzuräumen ist. Da wie bereits erwähnt, die Verwertung und Beseitigung von Abfällen noch Gegenstand einer ausführlichen Betrachtung sein wird, soll an dieser Stelle zunächst ausschließlich auf die Abfallvermeidung als Mittel zur Erreichung der abfallwirtschaftlichen Ziele eingegangen werden.

In den seltensten Fällen ist eine vollständige Vermeidung von Abfällen zu erreichen, wohl aber ist es möglich, die Menge der Abfälle zu reduzieren. Aus diesem Grund soll im Zusammenhang mit der Diskussion der Abfallvermeidung auch die Verringerung der Abfallmengen angesprochen werden.

Abfallvermeidung beziehungsweise -verringerung bezieht sich sowohl auf die Menge als auch die Schädlichkeit des Abfallaufkommens. Sie kann auf mannigfaltige Weise sowohl von der Industrie als auch vom Handel und den Privathaushalten praktiziert werden. Ob hierfür ein gestiegenes Umweltbewußtsein oder aber das Wissen um die Kosten die Triebfeder des Handelns sind, sei dahingestellt.

Der beste Ansatzpunkt für die Vermeidung beginnt bei den produzierenden Unternehmen, indem bereits bei der Entwicklung von Produkten durch Konstruktion und Auswahl der Einsatzstoffe dem späteren Abfall entgegengesteuert wird. Material und Energie sind in möglichst sparsamer Weise einzusetzen und die Nutzungsdauer ist zu erhöhen, Ausschuß ist auf ein Minimum zu reduzieren.

Als Beispiel für Maßnahmen zur Abfallvermeidung soll die Substitution eines Hilfsstoffes angesprochen werden, vornehmlich der Einsatz halogenierter Kohlenwasserstoffe für die Verarbeitung von Gummi, Kunststoffen und Textilien, der Behälterreinigung, etc. Halogenierte Kohlenwasserstoffe werden durch halogenfreie Lösemittel ersetzt oder besser, es wird auf Lösemittel, so weit möglich, gänzlich verzichtet.

Im Haushaltsbereich ergeben sich Möglichkeiten zur Abfallvermeidung durch die Nutzung abfallarmer und langlebiger Produkte und Verpackungen. So etwa sind Mehrwegverpackungen grundsätzlich den Einwegverpackungen vorzuziehen. Daß dies auch dem Haushaltsbudget zugute kommt, wird unmittelbar nachvollziehbar, wenn man sich vor Augen hält, daß zum Beispiel Verpackungen mehrfach bezahlt werden müssen, nämlich einmal für die Herstellung, dann für den Transport und die Lagerung und schließlich für den Abtransport und die Beseitigung.

Darüber hinaus sollte das Argument der Umweltbelastung für weitere Anstrengungen zur Abfallvermeidung hinreichend sein. Mit der Herstellung jeder Verpackung werden Energie und Rohstoffe verbraucht, das gleiche gilt für den Transport und die Abfallbehandlung, die darüber hinaus noch zu Luft- und Wasserbelastung führen.

1.4 Grenzen der Zielerreichung

Den genannten Zielen der Abfallwirtschaft sind sowohl unter volkswirtschaftlichen als auch unter betriebswirtschaftlichen Aspekten Grenzen gesetzt. Diese Grenzen sind vor allem durch die Kosten- und Wettbewerbssituation bestimmt.

1.4.1 Kosten

Unter volkswirtschaftlichen Aspekten ist zu fragen, ob die Kosten der abfallwirtschaftlichen Zielverfolgung vertretbar sind, das heißt, ob kurz-, mittel- oder langfristig Ressourcen (hier Kapital, Personal) für die abfallwirtschaftlichen Ziele eingesetzt werden können. Kurz- beziehungsweise mittelfristig erscheint dies nicht in dem gewünschten Umfang möglich, da die Ressourcen an anderer Stelle gebunden sind. Jedoch ist hier die Einschränkung der Konjunkturabhängigkeit zu machen. Unter der Voraussetzung knapper Einsatzfaktoren sind demnach Prioritäten hinsichtlich einer Zielhierarchie zu setzen oder der Zielerreichungsgrad entsprechend anzupassen. Langfristig lassen sich Umstrukturierungen der Faktoreinsätze herbeiführen. Sie können ebenfalls konjunkturpolitisch und beschäftigungspolitisch sinnvoll sein, indem etwa neue Technologien positiv auf das Investitionsverhalten der Unternehmen wirken und damit zur Sicherung bestehender oder Schaffung neuer Arbeitsplätze beitragen.

Betriebswirtschaftlich verursacht die Verfolgung abfallwirtschaftlicher Ziele zunächst Kosten (vgl. Sutter, S. 123 ff.). Investitionen und Anforderungen, die sich als Kosten bemerkbar machen, müssen, soweit sie nicht verfügbar sind, als zusätzliches Eigen- oder Fremdkapital aufgebracht werden. Beispiele für diese Kosten sind etwa Personalkosten für das Erforschen von Substitutionsprodukten oder auch Gebühren der öffentlichen Hand für den Betrieb von Abfallverwertungsgesellschaften.

Ist eine Erhöhung des Eigen- oder Fremdkapitals nicht möglich oder sinnvoll, sind andere Investitionen zurückzustellen, oder aber die vorhandenen Kapazitäten können nicht im Sinne eines abfallwirtschaftlich zielgerichteten Handelns eingesetzt werden.

1.4.2 Wettbewerb

Betrachtet man die abfallwirtschaftlichen Ziele zunächst volkswirtschaftlich unter Wettbewerbsgesichtspunkten, so kann eine Volkswirtschaft dann gegenüber anderen benachteiligt sein, wenn jene nicht die Aufwendungen zu realisieren haben, die mit der Zielverfolgung verbunden sind.

Produkte, die mit anderen konkurrieren müssen, die nicht unter diesen Zielen hergestellt wurden, stehen unter erhöhtem Wettbewerbsdruck, unterliegen mitunter Wettbewerbsverzerrungen. Ein Unternehmen, das diesem Druck ausgesetzt ist, wird sich zumindest die Frage stellen, inwieweit es sinnvoll ist, die Produktion in ein anderes Land zu verlagern, das diesen Zielvorgaben nicht unterliegt.

Hier jedoch wird der Konsument das letzte Wort haben, der sowohl das Produkt wie auch die Produktionsmethoden zu bewerten hat. Für die Unternehmen heißt dies, die abfallwirtschaftlichen Ziele in ihr marketingstrategisches Kalkül einzubeziehen.

2 Abfallwirtschaftlicher Planungsprozeß

Die Beschäftigung mit abfallwirtschaftlichen Planungsprozessen macht es erforderlich, auf die Grundsätze betrieblicher Planung einzugehen. Die einzelnen Planungsschritte sollen zunächst kurz erläutert werden. Anschließend werden sie anhand eines Beispiels, das uns durch dieses Kapitel begleiten wird, auf die Abfallwirtschaft bezogen.

In seiner allgemeinsten Form hat der Begriff der Planung den Prozeß der Überlegungen und Entscheidungen hinsichtlich der Festlegung von Zielen und deren Verwirklichung zum Inhalt. Er ist damit für alle Bereiche menschlichen Handelns anwendbar. Für die wirtschaftliche Planung ist zunächst die besondere Rolle der Rationalität zu berücksichtigen.

Jedes rationale Handeln vollzieht sich in drei Phasen:

- Planung,

- Realisation,

- Kontrolle.

Planungsaktivitäten benötigen Informationen aus dem Betrieb und der Umwelt sowie Informationen über sie. Des weiteren ist es erforderlich, diese Informationen aufzubereiten und zu analysieren. Schließlich gilt es, vor der eigentlichen Planung sein Ziel, das heißt den angestrebten Soll-Zustand, festzulegen.

Hieraus ergibt sich die Phasenstruktur der Planung, wie sie Abbildung 3 zeigt.

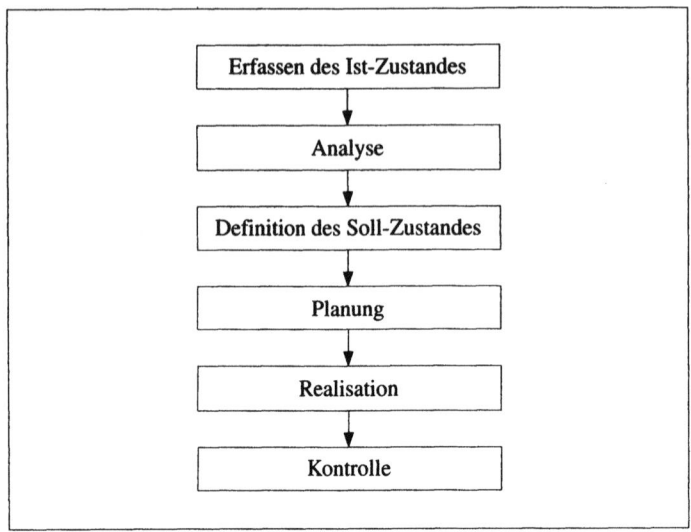

Abbildung 3: Die Phasen der Planung

2.1 Erfassen des Ist-Zustandes

Die Zuverlässigkeit einer Planung ist maßgeblich abhängig von den Daten, auf denen sie beruht. Ausgangspunkt jeder Planung muß demnach eine sorgfältige Erfassung der planungsrelevanten Informationen sein. Diese Informationen können sowohl aus dem Unternehmen selbst als auch aus der Umwelt des Unternehmens kommen; gebräuchlich sind in diesem Zusammenhang auch die Begriffe innerbetriebliche und außerbetriebliche Daten.

Vor der Erfassung des Ist-Zustandes ist sehr sorgsam zu prüfen, welche Informationen für die Planung tatsächlich benötigt werden, da die Informationsgewinnung in der Regel erhebliche Kosten verursacht. Das gleiche gilt für die Präzision, mit der die Planungsgrößen zu ermitteln sind.

Ein weiteres Kriterium ist die Speicherung der Daten, wobei zwei Aspekte eine Rolle spielen. Zum einen sind dies die Kosten der Speicherung selbst und der mit ihr verbundenen Speichermedien. Zum anderen sind es die Kosten der Organisation gespeicherter Daten.

Darüber hinaus gilt es, bei der Erfassung des Ist-Zustandes bereits Informationen über Entwicklungstendenzen zu gewinnen, da Planung immer zukunftsgerichtet ist und demnach auf Daten über die Zukunft aufbaut. Letztlich muß bei der Erfassung der Daten bereits berücksichtigt werden, daß sie dem Entscheidungsträger auch in geeigneter Form zugänglich gemacht werden sollen.

Und nun ein **Beispiel**:

Ein bisher betrieblich eingesetztes, leicht entzündbares Unkrautvernichtungsmittel soll künftig nicht mehr verwendet werden.

Aus diesem Zweck leiten sich für das Erfassen des Ist-Zustandes eine Reihe von Fragen ab, die es zunächst zu klären gilt.

- Welche Menge wird jährlich im Unternehmen eingesetzt?

- Welche Menge wird zur Zeit gelagert?

- An welchem Ort wird gelagert?

- Ist eine Rückgabe an den Lieferanten möglich?

- Ist ein Verkauf möglich?

- Welche gesetzlichen Bestimmungen bestehen hinsichtlich Lagerung, Transport und Beseitigung des Stoffes als Abfall?

- Welche Alternativen gibt es zum bisher eingesetzten Mittel?

2.2 Analyse

Anhand der voranstehenden Fragen wird deutlich, daß die Grenze zwischen der Erfassung des Ist-Zustandes und der Analyse nicht trennungsscharf zu ziehen ist. Grundsätzlich zeichnet sich die Analyse als zweite Phase des Planungsprozesses durch einen größeren Problembezug aus.

Auf unser Beispiel bezogen erhalten wir konkrete Aussagen darüber, welche Menge des Unkrautvernichtungsmittels zur Disposition steht und ob ein Verkauf oder die Rückgabe an den Lieferanten möglich ist.

Ist dies nicht der Fall, steht an dieser Stelle bereits die Soll-Vorgabe schadloser Beseitigung fest. Darüber hinaus verfügt der Planer nach der Analyse bereits über eine Auswahl möglicher Alternativen zum bisher eingesetzten Mittel. Diese könnten etwa sein: Verzicht auf Unkrautentfernung, manuelles Entfernen des Unkrauts oder auch Einsatz eines Mittels geringeren Gefährdungspotentials bei zumindest nicht schlechterer Umweltverträglichkeit.

2.3 Definition des Soll-Zustandes

In diesem Planungsschritt erfolgt die Alternativenauswahl und Festlegung der weiteren Vorgehensweise.

Die Definition des Soll-Zustandes in unserem Beispiel könnte etwa lauten:

1. Ordnungsgemäße Beseitigung der noch vorhandenen Restbestände des in Zukunft nicht mehr einzusetzenden Mittels;

2. Beschaffung eines Mittels mit geringerem Gefährdungspotential bei möglichst besserer Umweltverträglichkeit.

2.4 Planung

In dieser Phase werden die in der Definition des Soll-Zustandes fixierten Ziele in konkrete Handlungsüberlegungen umgesetzt. Das Vorgehen wird strukturiert, und die Abläufe werden festgelegt.

Die Planung bestimmt somit das Wie der Durchführung (Realisation).

Bezogen auf unser Beispiel sind in dieser Phase die folgenden Aktivitäten angesprochen.

- Für die Beseitigung:

  - Festlegen des Bieterkreises für den Transport unter Berücksichtigung erforderlicher Transportgenehmigungen,
  - Anfrage für den Transport,
  - Festlegen möglicher Beseitigungsunternehmen unter Berücksichtigung erforderlicher Entsorgungsnachweise,
  - Anfrage für die Beseitigung,
  - Angebotsauswertung,
  - Terminplanung,
  - Vergabe,
  - Information des Betriebes (Lagers) hinsichtlich des Abwicklungsprozedere.

- Für die Ersatzbeschaffung:

    - Festlegung des Bieterkreises,
    - Anfrage,
    - Angebotsauswertung,
    - Vergabe,
    - Information des Betriebes.

2.5 Realisation

Nachdem die Entscheidungen mit der Planungsphase getroffen sind, gilt es, im Zuge der Realisierung die Maßnahmen durchzuführen. Dies bedeutet in unserem Beispiel die Durchführung des Entsorgungsvorganges für das nicht mehr eingesetzte Unkrautvernichtungsmittel sowie die Anlieferung und Lagerung des Substitutionsgutes.

2.6 Kontrolle

Zwar ist die Kontrolle wie die Planung ein informationsverarbeitender Prozeß, jedoch fehlt ihr im Gegensatz zu dieser die unmittelbare Gestaltungsfunktion. Hinzu kommt, daß die Kontrolle nicht auf zukünftiges, sondern auf vergangenes Geschehen gerichtet ist. Die Kontrolle legt also nicht Ziele fest, sondern registriert, ob die angestrebten Ziele erreicht wurden. Falls dies nicht der Fall ist, forscht sie nach Ursachen für die Abweichungen.

In diesem Sinne besteht die Aufgabe der Kontrolle in der Beschaffung von Informationen über den Erfolg betrieblichen Handelns. Diese Informationen sind jedoch nicht Selbstzweck; vielmehr dienen sie möglichen Plankorrekturen beziehungsweise bilden sie die Ausgangsdaten für neue Pläne.

In unserem Beispiel wird also mit der Kontrolle zum einen geprüft, ob die ordnungsgemäße Beseitigung der Abfälle erfolgte, etwa mit Hilfe der Nachweisführung über das Begleitscheinverfahren. Des weiteren wird mit Hilfe der Kontrolle die Lieferung des Substitutionsgutes überwacht.

Nach dem Muster des vorgenannten Beispiels lassen sich in adäquater Weise die Stoffablösung von PCB-haltigen Ölen (PCB-Verbotsverordnung), asbesthaltigen Materialien (Asbest-Verbotsverordnung) sowie FCKW-haltigen Kühlmitteln (FCKW-Verbotsverordnung) durchführen.

3 Abfallwirtschaftliche Marktforschung

Grundsätzlich kann Marktforschung als eine „systematische, empirische Untersuchungstätigkeit mit dem Zweck der Informationsgewinnung oder -verbesserung über objektiv beziehungsweise subjektiv bedingte Markttatbestände und -phänomene als Grundlage beschaffungs- und absatzpolitischer Entscheidungen" (Hammann/ Erichsen, S. 1 f.) bezeichnet werden.

Die Beschaffungsmarktforschung in abfallwirtschaftlicher Hinsicht soll dementsprechend vor allem Informationen über Märkte, Lieferanten, Produkte und Produktionsverfahren bereitstellen helfen, die im Hinblick auf die Abfallvermeidung beziehungsweise -verringerung, die Reststoffverwertung sowie im Hinblick auf die Abfallentsorgung ihre Anwendung finden können.

Auch für die Beschaffungsmarktforschung leitet sich das Untersuchungsinteresse aus der vom Gesetzgeber vorgegebenen Prioritätenfolge der Abfallvermeidung vor der Abfallverwertung und der Abfallverwertung vor der Abfallentsorgung ab. Bevor nun auf die Anwendung der Beschaffungsmarktforschung im Rahmen dieser Postulate eingegangen wird, sollen zunächst einige Grundlagen aufgezeigt werden.

Nach dem Träger der Durchführung kann zunächst zwischen der betrieblichen Marktforschung (Eigenforschung) und der Institutsmarktforschung (Fremdforschung) unterschieden werden. Ob die Funktion durch die eigene Abteilung oder durch ein Institut ausgeführt wird, entscheidet sich im Einzelfall unter den Kriterien Verwendungszweck, Kompetenz und Marktforschungskosten. Diese Marktforschungskosten ergeben sich als Summe der an Dritte vergebenen Marktforschungsaufträge und der Kosten für die betriebliche Marktforschung (vgl. Hüttner, S. 358). Der Regelfall im Bereich der abfallwirtschaftlichen Beschaffungsmarktforschung dürfte in der Wahrnehmung dieser Aufgaben durch den einzelnen Einkäufer liegen.

Des weiteren kann zwischen adspektiver (auf die Gegenwart gerichteter) und prospektiver (auf die Zukunft gerichteter) Marktforschung unterschieden werden. Unter abfallwirtschaftlichem Blickwinkel kommt der prospektiven Beschaffungsmarktforschung besondere Bedeutung zu, etwa hinsichtlich des Ziels der Schonung des knappen Deponieraums. Durch sie sollen Informationen beschafft werden, die die Grundlage für die Planung einer auch in längeren Zeiträumen gesicherten Abfallentsorgung bilden.

Ist die Marktforschung ausschließlich auf das Inland gerichtet, so wird sie als Binnenmarktforschung bezeichnet. Auf die Erschließung ausländischer Absatz- und/oder Beschaffungsmärkte zielende Marktforschungsanstrengungen werden dagegen unter dem Begriff der Auslandsmarktforschung zusammengefaßt (vgl. Koschnik, S. 76).

Mit der Liberalisierung des Dienstleistungsverkehrs in Europa soll auch der grenzüberschreitende Transport von Abfällen künftig grundsätzlich frei sein (vgl. Rethmann, S. 21). Hierdurch wird sich das Gewicht der abfallwirtschaftlichen Auslandsmarktforschung verstärken. Die Gefahr eines „Mülltourismus" angesichts noch nicht abschließend angeglichener rechtlicher Rahmenbedingungen sei in diesem Zusammenhang nur am Rande erwähnt.

Schließlich läßt sich Marktforschung noch nach Primär- und Sekundärforschung unterscheiden. Bei der Primärforschung werden die Daten, die für eine Untersuchung relevant sind, eigens zu diesem Zweck erhoben. Sind die Daten bereits vorhanden, also ursprünglich zu einem anderen Zweck erhoben worden, so soll von Sekundärforschung gesprochen werden. Gerade bei der Wahl zwischen diesen Erhebungsmethoden kommt den Wirtschaftlichkeitsüberlegungen eine große Bedeutung zu. In der Regel sind Primärerhebungen wesentlich kostenintensiver, können aber, da sie auf das konkrete Untersuchungsziel hin ausgelegt sind, exaktere Ergebnisse liefern.

Um bezüglich der Durchführung der Marktforschung ein planmäßiges Vorgehen zu ermöglichen, empfiehlt es sich, ein prozeßorientiertes Entscheidungsmodell einzuführen. Abbildung 4 erläutert den Ablauf.

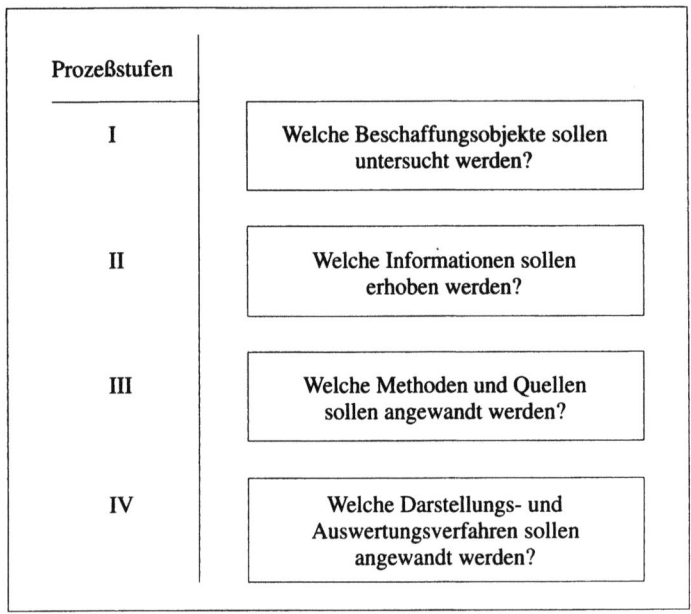

Abbildung 4: Der Entscheidungsprozeß der Beschaffungsmarktforschung (nach Stangl)

In einem ersten Schritt ist also zu prüfen, ob der Zweck der Marktforschung der Vermeidung, der Verwertung oder der Beseitigung von Abfällen dient, und damit verbunden, ob zum Beispiel Substitutionsgüter oder aber Anlagen zum Recyceln der Gegenstand des Interesses sind.

Daraufhin muß geklärt werden, welche Informationen von besonderer Bedeutung sind, also etwa Entwicklungskapazitäten der Lieferanten oder zu erwartende gesetzliche Vorschriften. Anschließend muß der Frage nachgegangen werden, über welche Quellen diese Informationen zu beschaffen sind, beispielsweise Lieferantengespräche oder Auswertung von Fachzeitschriften.

Und schließlich ist eine Entscheidung darüber zu treffen, wie die gewonnenen Daten aufzubereiten und darzustellen sind. Hiermit sind vor allem statistische Methoden angesprochen, auf die aber in dieser Arbeit nicht weiter eingegangen werden kann.

3.1 Marktforschung zur Vermeidung oder Verringerung von Abfällen

Zur Vermeidung oder Verringerung von Abfällen wird Marktforschung als beschaffungspolitisches Instrument eingesetzt. Mit ihrer Hilfe sollen also Informationen darüber gewonnen werden, welche Substitutionsprodukte etwa als Alternativen zu bisher eingesetzten Produkten zur Anwendung kommen könnten, die ein geringeres, ein unproblematisches oder sogar überhaupt kein Abfallpotential aufweisen.

Als Quelle für diese Informationen bieten sich zunächst die einschlägigen Fachzeitschriften an. In ihnen findet sich neben entsprechenden Anzeigen die Ankündigung innovativer Verfahren und Produkte. Weitere Informationen lassen sich durch den Besuch von Messen und Ausstellungen gewinnen. Daneben erweisen sich regelmäßige Gespräche mit Lieferanten der relevanten Märkte als hilfreich, wenn es zu erkunden gilt, welche Entwicklungspotentiale im Hinblick auf die Abfallvermeidung/-verringerung bei den einzelnen Unternehmen anzutreffen sind, aber auch, wie die Bereitschaft zur Realisierung solcher Projekte ist. Gegebenenfalls ist auszuloten, welcher Anreize seitens des beschaffenden Unternehmens es bedarf, ein anbietendes Unternehmen zur Entwicklung von Produkten mit geringerem Abfallpotential zu bewegen.

Weitere Hilfsmittel zur Informationsbeschaffung sind Lieferantenbescheinigungen und EG-Sicherheitsdatenblätter (vgl. Arbeitsgruppe Entsorgung ..., S. 27, 14 f.). Mittels dieser Formulare kann der Einkäufer einen Überblick über die gefährlichen Eigenschaften eines Produktes gewinnen und hieraus einen entsprechenden Forderungskatalog für die Anforderungen an Substitutionsprodukte ableiten.

Kongresse bieten dem Einkäufer die Möglichkeit, sich über Innovationen bei der Abfallvermeidung zu informieren. Diese Kongresse können sowohl produktbezogen sein als auch sich zum Beispiel auf die Entsorgung beziehen.

Informationen können aber auch im eigenen Unternehmen gewonnen werden. Gerade die eigene Forschungs- und Entwicklungsabteilung kann aufgrund ihrer Kenntnisse und Erfahrungen dem Einkäufer Anhaltspunkte geben, welche Anforderungen bezüglich der Abfallvermeidung am Markt realistisch sind.

Förderlich ist letztlich ebenfalls der regelmäßige Gedanken- und Erfahrungsaustausch mit anderen Einkäufern. Häufig kann man feststellen, daß unter der gleichen Zielsetzung der Abfallvermeidung unterschiedliche Wege beschritten werden.

3.2 Marktforschung zur Verwertung von Reststoffen

Wie noch im Abschnitt 4.3.1 gezeigt wird, bieten sich als Möglichkeiten der Verwertung die Eigenverarbeitung und der Verkauf an. In beiden Fällen ist der Stoff beziehungsweise die Anlage in einer möglichst verwertungsgerechten Form bereitzustellen, um den Absatz oder die Übernahme zu erleichtern.

Im Sinne der abfallwirtschaftlichen Beschaffungsmarktforschung ist also zunächst zu klären, welche Stoffe zur Verwertung anstehen. Ist die Entscheidung getroffen, daß die zur Verwertung zur Verfügung stehenden Stoffe verkauft werden sollen, stellt sich die Frage nach der Aufnahmekapazität des Marktes, nach potentiellen Abnehmern und den von ihnen eingesetzten Recycling-Verfahren und -anlagen. Interessant ist auch, wie diese Märkte zu erschließen sind.

Gesetzt den Fall, in einem Unternehmen fallen Metallfässer mit Restanhaftungen von Öl an und dieses Unternehmen hat sich entschieden, die Fässer nicht selbst zu verarbeiten, so ist der Markt dahingehend zu befragen, wer als potentieller Abnehmer der Fässer, entweder mit den Anhaftungen oder nach Konditionierung, in Frage kommt.

Als Informationsquellen kommen zum Beispiel die Veröffentlichungen der Kammern in Betracht. Auf die „Abfallbörsen" wird in Abschnitt 4 noch eingegangen. Darüber hinaus können aber auch Fachzeitschriften, etwa „Beschaffung aktuell", sowohl im Anzeigen- als auch im redaktionellen Teil wichtige Hinweise geben. Messen und Ausstellungen können ebenso wertvolle Anregungen bieten wie der Erfahrungsaustausch mit anderen Einkäufern.

3.3 Marktforschung zur Entsorgung von Abfällen

Ist die Beseitigung von Abfällen Gegenstand der abfallwirtschaftlichen Beschaffungsmarktforschung, so kommt es zunächst darauf an zu klären, welche Abfallstoffe im einzelnen zur Entsorgung anstehen.

Ist diese Entscheidung getroffen, so bleibt zu prüfen, wer als Transporteur und wer als Beseitiger für die zu entsorgenden Abfälle in Frage kommt. Hierzu ist es erforderlich, den Anfallsort, die Menge und gegebenenfalls die Abfall-Schlüsselnummer zu ermitteln. Die letztgenannten Informationen sind durch Angaben des Betriebes beziehungsweise der einzelnen Betriebsstellen zu erhalten.

Beseitiger und Transporteure sind in einer ersten Übersicht zum Beispiel den einschlägigen Nachschlagewerken zu entnehmen. Jedoch ist hiernach eine konkrete Anfrage unerläßlich, besonders wenn es sich um Sonderabfälle handelt. Nicht jeder Transporteur hat die Transportgenehmigung für den jeweils zur Entsorgung anstehenden Abfallstoff, und nicht jede Beseitigungsanlage ist für jeden Abfallstoff ausgelegt. Weitere Quellen für die Beschaffung von Informationen zum Transport und zur Beseitigung von Abfällen sind Behörden, Verbände und Kammern.

Die Ermittlung der erforderlichen Informationen wird in der Regel in Form der betrieblichen Marktforschung im Aufgabenbereich des Einkäufers liegen. Jedoch kann es sich bei besonders komplexen Aufgabenstellungen (etwa eine Altlastaktion) anbieten, eine externe Beratung einzuholen.

4 Entsorgung als Teil der Materialwirtschaft

Im Jahre 1987 führte der Bundesverband Materialwirtschaft, Einkauf und Logistik e. V. (BME) bei 800 BME-Mitgliedsunternehmen eine Umfrage zum Thema Entsorgung durch, um das vom BME vertretene Postulat der Abfallwirtschaft als eine Aufgabe der Materialwirtschaft und die hiermit verbundene These

„Wer beschafft, ist auch für die Entsorgung zuständig."

zu überprüfen (vgl. Arbeitsgruppe Entsorgung ..., S. 3 f.).

Von den 422 Rücksendungen bekundeten 272 Unternehmen, daß in ihrem Haus für die Entsorgung bereits der Bereich Materialwirtschaft zuständig ist. Geht man von der zunehmenden Bedeutung aus, die die Entsorgungsfunktion in den letzten Jahren erfahren hat, so ist die Übertragung dieser Funktion auf den Bereich Materialwirtschaft sicher ein Zeichen der ihm zugestandenen Kompetenz. Die Kompetenz aber geht zurück auf die bereits seit langem vom Materialwirtschaftler wahrgenommenen Tätigkeiten. Sehen wir uns diese Tätigkeiten einmal an, um zu ergründen, weshalb eine Zuordnung der Entsorgung zur Materialwirtschaft sinnvoll ist.

- Der Einkäufer beschafft Investitions- und Verbrauchsgüter sowie Dienstleistungen. Am Beispiel der Investitionsgüter wird deutlich, daß nicht selten eine komplexe Anlage zur Beschaffung ansteht. Viele Einflußparameter sind bei den Entscheidungen zu berücksichtigen. Die Erläuterungen zur abfallwirtschaftlichen Planung haben gezeigt, daß dieses ebenfalls auf die Entsorgung zutrifft.

- Der Einkäufer betreibt Beschaffungsmarktforschung hinsichtlich problembezogener spezieller Beschaffungsmärkte, um wesentliche Informationen über deren Situation, Bedingungen und

Entwicklungstendenzen zu gewinnen. Er ermittelt Veränderungen der Märkte und untersucht Konkurrenzverhältnisse. Zu seinen Aufgaben zählt die Beurteilung der Produktentwicklung nach Qualität, Preis und Verwendungsfähigkeit wie auch die Suche nach Substitutionsprodukten. Dies alles aber zählt auch zu den Aufgaben der abfallwirtschaftlichen Marktforschung (vgl. Abschnitt 3). Wer wäre besser dazu in der Lage, sich den Fragestellungen des Marktes auch hinsichtlich der Entsorgung anzunehmen, als jemand, der a priori den Markt beobachtet?

- Der Einkäufer gestaltet mit Hilfe des Beschaffungsmarketing die Beschaffungsmärkte. Er nutzt die Erkenntnisse der Beschaffungsmarktforschung zur gezielten Marktgestaltung. Im Sinne der Abfallwirtschaft heißt dies, durch den gezielten Einsatz anreiz- und förderungspolitischer Beschaffungsmaßnahmen (vgl. Biergans) die Herstellung umweltfreundlicher Produkte zu fördern. Der Beschaffungspolitik kommt somit die Rolle eines Förderinstitutes bei der Durchsetzung eines vorbeugenden Umweltschutzes zu (vgl. Umweltbundesamt 1989, S. 5 ff.).

- Der Einkäufer führt die taktische Einkaufsvorbereitung durch, er legt den jeweiligen Bieterkreis fest, holt Angebote ein, wertet diese unter Berücksichtigung möglicher Alternativen aus und stellt sie gegenüber. Auch hier zeigt sich, daß der Einkäufer aufgrund seiner Nähe zum Produkt und zum Markt bestens geeignet ist, die mit der Entsorgung aufgeworfenen Fragen zu lösen.
Wer ein Produkt beschafft, kennt die potentiellen Abnehmer für Reststoffe, weiß, welche Komponenten das Produkt enthält und daraus folgend, welche Probleme die Beseitigung aufwerfen kann. Diese Fragestellungen können und müssen bereits im Auftragsstadium angesprochen werden, um nicht später das Unternehmen mit Entsorgungsschwierigkeiten zu belasten, die nicht zuletzt ein erhebliches Kostenpotential darstellen.

- Der Einkäufer führt Vergabeverhandlungen und vergibt Aufträge. Er legt Verhandlungsziele fest und koordiniert die am Entscheidungsprozeß beteiligten Fachbereiche. Er trifft nach Abwägung aller Entscheidungskomponenten die Vergabeentscheidung.
Bezogen auf den Entsorgungsbereich sind dies die gleichen Aktivitäten. Es stehen Verhandlungen mit Produzenten, Transporteuren, Aufarbeitungsunternehmen und Beseitigungsunternehmen an. Auch die Entscheidungsparameter Kosten, Qualität, Risiko und Flexibilität sind die gleichen.

- Der Einkäufer steuert die Beschaffungsabwicklung. Er verhandelt im Fall nachträglicher Änderungen des Liefer- und Leistungsumfanges. Er erkennt im Verlauf der Vertragserfüllung entstehende Liefer- und Leistungsstörungen und prüft deren Konsequenzen. Er koordiniert die Gespräche mit den beteiligten Fachabteilungen und führt die Störungen durch Verhandlungen einer Lösung zu.
Gleiches geschieht im Entsorgungsbereich. Zur Entsorgung anstehende Quantitäten können sich ändern und bedürfen einer vertraglichen Anpassung. Fixierte Entsorgungstermine bedürfen der Überprüfung. Im Falle einer Überschreitung sind die Auswirkungen zu ermitteln.

All dies zeigt, daß es sich bei der Art der Tätigkeiten im Entsorgungsbereich um bereits vom Einkauf wahrgenommene Aufgaben handelt, die keiner Neuregelung bedürfen. Wohl aber ergeben sich sowohl aufgrund einer Vielzahl zu beachtender gesetzlicher Bestimmungen als auch aufgrund der Unterschiedlichkeit der betrieblichen Entsorgungsmöglichkeiten Anforderungen an den Einkäufer, denen es zu entsprechen gilt.

4.1 Anforderungsprofile der Mitarbeiter

Wie schon in Abschnitt 3 dargelegt, ist für den Entsorgungsbereich eine große Zahl zu verarbeitender Informationen charakteristisch.

Diese Informationen betreffen zum einen den Markt, das heißt die Anbieter, die Konzentrations- beziehungsweise Wettbewerbsverhältnisse, ihre Forschungs- und Entwicklungskapazität sowie die sonstigen einschlägigen wirtschaftlichen Faktoren. Die Informationen beziehen sich sowohl auf die Produzenten und die potentiellen Abnehmer von Rückständen als auch auf deren Transporteure und Beseitiger.

Zum zweiten fordern die Informationen über das Produkt eine genaue Kenntnis von Entwicklungstendenzen, Substitutionsmöglichkeiten und Herstellungsverfahren. Diese sind unerläßlich, um das geeignete Entsorgungsverfahren zu wählen.

Eine dritte Kategorie von Informationen betrifft das eigene Unternehmen mit seiner formellen und informellen Struktur und seinem spezifischen Bedarf. Der Bedarf aber prägt die Nachfrage des Unternehmens am Markt und damit auch die Möglichkeiten des Einkäufers.

Ein weiteres Kriterium, das die Anforderungen an den im Entsorgungsbereich tätigen Mitarbeiter der Materialwirtschaft definiert, ist die Kenntnis der relevanten gesetzlichen Bestimmungen (vgl. Kapitel 5). Diese gesetzlichen Bestimmungen schreiben Prioritäten bei der Handhabung von Rückständen vor (Vermeidungs- und Verwertungsgebot) und bestimmen das Prozedere bei Lagerung, Transport und Beseitigung mit.

Die Notwendigkeit, alle diese Daten zu kennen und zu verwerten, konkretisiert sich im Anforderungsprofil „breite Informationsbasis". Als weiteres Profil ist die „Kompetenz in Abwicklungsfragen" zu nennen. Es ist bereits angeklungen, daß aufgrund der gesetzlichen Bestimmungen etwa das Verfahren zur Abfallbeseitigung strengen formalen Richtlinien unterliegt (hierauf wird im einzelnen noch einzugehen sein). Die Kenntnis der Verfahrensabläufe, auch zur Beratung anderer Abteilungen, ist somit unabdingbare Anforderung an die Mitarbeiter.

4.2 Schnittstellen mit anderen Unternehmensbereichen

In den zurückliegenden Jahren sind die Kosten für die Beseitigung von Abfällen explosionsartig gestiegen.

Um einerseits die abfallwirtschaflichen Ziele möglichst effizient zu verfolgen, andererseits eine kostenoptimale Entsorgung des Unternehmens zu gewährleisten und darüber hinaus das Risiko einer zivil- oder strafrechtlichen Verfolgung zu vermeiden, ist eine enge Zusammenarbeit der Materialwirtschaft und ihrer abfallwirtschaftlichen Funktionen mit anderen Unternehmensbereichen unerläßlich. Der Materialwirtschaft, früher ausschließlich Dienstleister für andere Abteilungen, kommt dabei vermehrt die Rolle eines Impulsgebers zu. (Vgl. hierzu ausführlicher: Winter, S. 40; Fieten, S. 27 ff.; Blom, S. 16 ff.; Stahlmann, S. 28 ff.). Dies setzt natürlich voraus, daß die Ziele in den beteiligten Ressorts als gemeinsame Ziele anerkannt werden und die Zielerreichung in einer Atmosphäre des Vertrauens ohne Bereichsegoismus angestrebt wird.

4.2.1 Konstruktion und Entwicklung

Die von der Materialwirtschaft am Markt zu realisierende Nachfrage wird maßgeblich durch die Konstruktion und Entwicklung geprägt. Da hierdurch nicht nur Einfluß genommen wird auf die

Kosten der Kapitalbindung, sondern auch die Entsorgungskosten als Materialkosten zu berücksichtigen sind, ist eine enge Zusammenarbeit beider Abteilungen unerläßlich. Diese Zusammenarbeit könnte beispielsweise eine aufeinander abgestimmte Entwicklungs- und Beschaffungsplanung mit einer Wertanalyse umfassen, die den abfallwirtschaftlichen Zielen Rechnung trägt.

Darüber hinaus erscheint ein regelmäßiger Erfahrungsaustausch zwischen den Mitarbeitern der beiden Abteilungen empfehlenswert. Beide betreiben mit unterschiedlichen Gewichtungen Marktforschung, beide registrieren Entwicklungstendenzen. In diesen Zusammenhang die Abfallwirtschaft einzubringen heißt, neue Akzente zu setzen, die schon morgen zu Wettbewerbsvorteilen führen können.

Diese Sichtweise sollte sich fortsetzen mit einer Umweltverträglichkeitsprüfung, die sich sowohl auf die einzusetzenden Materialien als auch die Herstellungsverfahren und die Recyclingmöglichkeiten nach Gebrauch bezieht.

Schließlich sollte die Make or buy-Entscheidung, für die beide Abteilungen maßgeblich verantwortlich zeichnen, die abfallwirtschaftlichen Aspekte berücksichtigen. Eventuell kann ein anderes Unternehmen ein Produkt unter wesentlich geringeren Rückständen und damit – alle übrigen Einflußfaktoren als gleichbleibend unterstellt – kostengünstiger und umweltschonender herstellen.

Weiterhin sollte in Kooperation zwischen Konstruktion und Entwicklung sowie Materialwirtschaft die Möglichkeit der Wiederverwendung bewährter Teile beziehungsweise Baugruppen geprüft werden und, wenn dies nicht möglich ist, bei der Auswahl neuer Teile deren Langlebigkeit ins Kalkül einbezogen werden.

4.2.2 Produktion

Auch in der Zusammenarbeit zwischen Produktion und Materialwirtschaft wird die Verwirklichung des Kostenziels durch Senkung der Materialkosten und der Kosten der Kapitalbindung in Vorräten bei gleichzeitiger Berücksichtigung des Umweltschutzgedankens angestrebt. Dabei kann sich eine Reihe von Maßnahmen als zieldienlich erweisen.

Zum einen ist in regelmäßigen Abständen oder auch bei Kapazitätsengpässen die Frage des Subcontracting zu überprüfen, zum anderen ist mit dem Vertrieb sowohl über die Einführung neuer Fertigungsmethoden mit weniger Energie- und/oder Rohstoffverbrauch zu sprechen. Nicht zuletzt hat die Materialwirtschaft aufgrund der von ihr betriebenen Beschaffungsmarktforschung Informationen bezüglich des Einsatzes energie- und materialsparender Automaten sowie einsetzbarer Recyclingverfahren bereitzustellen.

4.2.3 Qualitätssicherung

Neben „Kosten senken, Risiken senken und Flexibilität erhöhen" stellt „Qualität erhöhen" das vierte Beschaffungsziel dar. Qualität in einer Ausprägung ist auch Langlebigkeit von Gütern. Diese Langlebigkeit aber dient über die Verringerung von Abfällen in direkter Weise dem Umweltschutz. Eine enge Zusammenarbeit beider Abteilungen ist deshalb unerläßlich.

Als Maßnahmen können sich beispielsweise die Aufnahme von Lieferanten in die Bieterliste oder auch die Vergabeentscheidung nach Qualitätsgesichtspunkten anbieten. Des weiteren können aufgrund der bei der Qualitätssicherung gemachten Erfahrungen dem Lieferanten Verbesserungsvorschläge unterbreitet werden. Zudem ist es möglich, die Qualität der gelieferten Produkte oder Anlagen dadurch zu erhöhen, daß die eigene Qualitätssicherung bereits beim

Lieferanten installiert wird. Diese Aufgabe kann auch durch ein vom eigenen Unternehmen beauftragtes Ingenieurbüro (Third Party) wahrgenommen werden. Schließlich können auch das Vorschreiben von Transportmitteln und -wegen sowie die Vorgabe von Verpackungsarten das Ergebnis der gemeinsamen Arbeit von Qualitätssicherung und Materialwirtschaft sein und dem obengenannten Ziel dienen.

4.2.4 Absatz

Immer häufiger wird Umweltschutz oder Umweltverträglichkeit zum Verkaufsargument. Konsumenten sind mitunter geneigt, ein Produkt, das diesen Ansprüchen genügt, einem anderen vorzuziehen, auch zu einem Preis, der nicht unter dem eines anderen Produktes liegt. Die Umwelt weniger belastende Produkte werden künftig einen zunehmenden Wettbewerbsvorteil genießen. Den Absatz in seinen Bemühungen zu unterstützen, diesen Wettbewerbsvorteil zu erlangen, ist nicht zuletzt Aufgabe der Materialwirtschaft.

Die gemeinsamen Aktivitäten können sich zum Beispiel auf die Auswahl geeigneter Verpackungs- und Transportmittel beziehen. Hierunter fällt auch der Aufbau geeigneter Wege für die Rücknahme bei Mehrwegverpackungen. Die Beschaffung kann ebenfalls für die Voraussetzungen zum Verkauf von Kuppelprodukten sorgen und diesen auch durchführen.

Die Materialwirtschaft kann auch den Aufbau einer umweltfreundlichen Vertriebslogistik unterstützen. Nicht nur aus Kostengründen gilt es die Wege zwischen Vorlieferanten, Produzenten, Vertriebslagern (gegebenenfalls Zwischenhändlern) und Kunden zu optimieren.

4.2.5 Finanz- und Rechnungswesen

Die engen Beziehungen der Materialwirtschaft zum Finanz- und Rechnungswesen gründen sich vor allem auf den von der Materialwirtschaft zu vertretenden Kostenblock. Unter abfallwirtschaftlichen Gesichtspunkten ist diese Zusammenarbeit weiter zu intensivieren.

Zum einen gilt es, über die Möglichkeiten der Inanspruchnahme von Steuervergünstigungen und Finanzierungshilfen für umweltfreundliche Investitionsvorhaben zu informieren, zum anderen sind ökologische Folgekosten in eine Wirtschaftlichkeitsrechnung einzubeziehen.

Die Beispiele machten deutlich, daß die Erreichung abfallwirtschaftlicher Ziele nicht mit einer Abteilung als „Umweltspeerspitze" möglich ist. Vielmehr bedarf es des Zusammenwirkens aller am Unternehmenserfolg Beteiligten, um das Optimum für das Unternehmen auch in ökologischer Hinsicht zu erreichen. Dann jedoch kommt der Materialwirtschaft eine zentrale Rolle zu, die statt der Hilfsfunktion einer reinen Dienstleistung für andere Abteilungen die Initiatorfunktion übernimmt.

4.3 Möglichkeiten der betrieblichen Entsorgung

Nach der Abfallvermeidung als Mittel zur Erreichung abfallwirtschaftlicher Ziele, sind die Verwertung und Beseitigung von Abfällen als Möglichkeiten der betrieblichen Entsorgung von besonderem Interesse. In diesem Zusammenhang ist es sinnvoll, sich zunächst ein Bild über das Abfallaufkommen, das heißt die Abfallmenge, die in einem Jahr in der Bundesrepublik anfällt, zu machen. Im öffentlichen Bereich, im produzierenden Gewerbe und in Krankenhäusern betrug das jährliche Abfallaufkommen zwischen 1977 und 1984 noch etwa 240 bis 250 Millionen Tonnen und ist bis 1990 auf 314,3 Millionen Tonnen gestiegen (BDE, S. 43 f.). Abbildung 5 gibt eine Übersicht über die Struktur des Abfallaufkommens 1990.

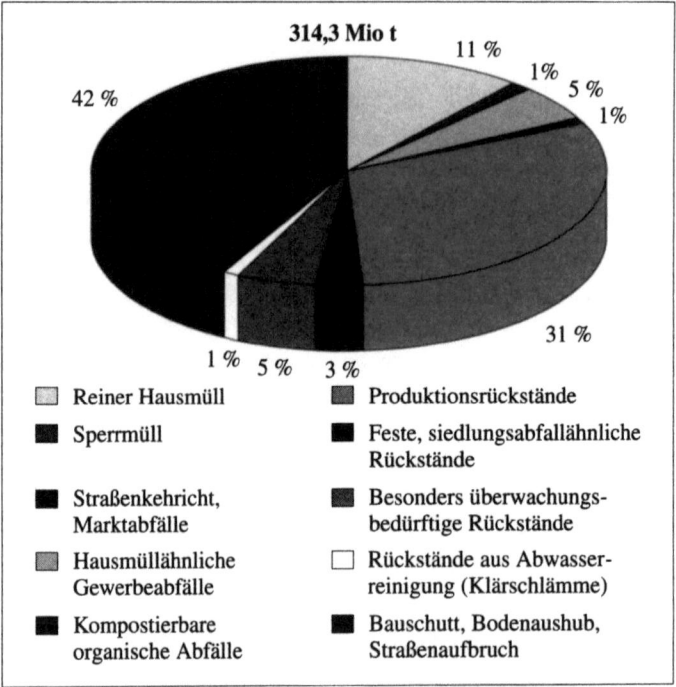

Abbildung 5: Die Struktur des Abfallaufkommens im Jahre 1990

Welche Möglichkeiten stehen den Unternehmen für die betriebliche Entsorgung zur Verfügung?

Wie bereits bei den Begriffsbestimmungen im Abschnitt 1.2 dargestellt, ist für die spätere Wahl der Entsorgungsmethode zunächst entscheidend, ob es sich um unproblematische Stoffe oder um Problemstoffe handelt. Eine Zuordnung zu diesen Kategorien sollte deshalb zunächst mit Hilfe einer Ist-Materialliste in Verbindung mit einer Stoffanalyse erfolgen (vgl. Arbeitsgruppe Entsorgung ..., S. 7 f.).

Dabei umfaßt die Ist-Materialliste grundsätzlich alle Güter, also auch etwa Reinigungsmittel für den Einsatz in der Verwaltung. Eine Stoffanalyse ist häufig schwierig und nur mit Hilfe von Labors möglich. Als Hilfestellung kann ein EG-Sicherheitsdatenblatt dienen, das vom Lieferanten auf Wunsch des Kunden ausgestellt wird und unter anderem folgende Hinweise enthält:

- chemische Charakterisierung

- physikalische und sicherheitstechnische Angaben,

- Transport,

- Schutzmaßnahmen, Lagerung und Handhabung,

- Angaben zur Toxikologie,

- Angaben zur Ökologie.

Durch die Analyse kann in der Regel auch eine Entscheidung darüber getroffen werden, ob eine Trennung des Stoffes in seine unproblematischen und problematischen Bestandteile möglich und sinnvoll ist.

4.3.1 Möglichkeiten der Verwertung

Für den Begriff des Recycling, der im Sinne dieser Schrift mit dem der Verwertung gleichbedeutend verwandt wird, hat sich bisher noch keine einheitliche Definition durchgesetzt. Wir wollen darunter „alle Methoden und Verfahren der weiteren Nutzung von Reststoffen" verstehen (vgl. Arbeitsgruppe Entsorgung ..., S. 37).

Ziel der Verwertung ist (vgl. Fleischhauer, S. 132)

– das Verlängern der Verfügbarkeit nichterneuerbarer Rohstoffe,
– die Entlastung der Außenhandelsbilanz,
– die Sicherung der Energieversorgung,
– die Produktion von Wertstoffen aus Schadstoffen.

Grundsätzlich lassen sich bei der Verwertung die Eigenverarbeitung und der Verkauf unterscheiden. Unter Eigenverarbeitung ist hierbei die wirtschaftliche Verwertung von Reststoffen im eigenen Unternehmen zu verstehen. Unmittelbar nachvollziehbar ist, daß diese Form der Nutzung nicht zuletzt geprägt ist durch die betriebliche Ausstattung des Unternehmens an Maschinen, Anlagen und Verfahren.

Zu unterscheiden ist bei der Eigenverarbeitung, ob die Stoffe in den gleichen Produktionsprozeß zurückgeführt werden, in dem sie angefallen sind, oder nicht. Im ersten Fall wollen wir von Wiederverwertung sprechen (hierauf wird im folgenden noch eingegangen). Stoffe, die sich auf diese Weise verwerten lassen, sind beispielsweise Stahl und Kunststoff.

Die Möglichkeit der wirtschaftlichen Verwertung kann im eigenen Unternehmen auch in einem noch nicht durchlaufenen Produktionsprozeß erfolgen (vgl. im folgenden Weiterverwertung/-verarbeitung). Handelt es sich nicht um produktionsspezifische Reststoffe, so ist an eine Verwertung durch Weiterverwendung zu denken (vgl. im folgenden Weiterverwendung).

Wie eingangs erwähnt, ist die Wirtschaftlichkeit ein maßgebliches Kriterium für die Wahl der Eigenverarbeitung als Methode der

Verwertung von Reststoffen. Ist die Wirtschaftlichkeit im eigenen Unternehmen nicht gegeben, empfiehlt sich der Verkauf. Hierunter ist die Abgabe von Wirtschaftsgütern an Dritte zu verstehen. Diese Abgabe kann sowohl gegen Entgelt als auch unentgeltlich erfolgen. Unter diesem Aspekt ist die Rückgabe an den Lieferanten zum Zwecke der Verwertung ebenfalls als Verkauf zu betrachten.

Häufig ist der gute Wille des Produzenten vorhanden, seine Rückstände einer Verwertung zuzuführen, jedoch fehlt ihm die Kenntnis über die Nachfrage. In gleicher Weise besteht mitunter eine rege Nachfrage nach bestimmten Reststoffen, aber sie trifft nicht auf ein entsprechendes Angebot, weil die Informationen über die verfügbaren Stoffe und die anbietenden Firmen nicht zugänglich sind.

Um diesem Umstand Rechnung zu tragen und die Verwertung von Reststoffen zu stimulieren, haben die Industrie- und Handelskammern sogenannte ,,Abfallbörsen" eingerichtet (vgl. hierzu u. a. Gässler/Sander, S. 179 ff.). Entgegen ihrem Namen beschäftigen sich die Abfallbörsen aber nicht mit der Vermittlung von Abfällen im Sinne des Abfallgesetzes, sondern stellen einen Markt bereit, auf dem sich Angebot und Nachfrage von Reststoffen zur Verwertung treffen.

Dies erfolgt in Form von monatlichen Veröffentlichungen des DIHT mittels Rundschreiben an die Industrie- und Handelskammern. Die Kammern wiederum geben die vollständigen Listen an Interessenten aus dem privatwirtschaftlichen oder kommunalen Bereich weiter, oder sie veröffentlichen Auszüge aus diesen Listen in ihren Mitteilungsblättern.

Die Abfallbörsen stellen unentgeltlich den Kontakt zwischen Anbietern und Interessenten her. Die detaillierten Konditionen, unter denen der Verkauf abgewickelt wird, sind dann allerdings nur noch direkt zwischen Erzeugern und Verwertern der Reststoffe zu verhandeln.

Maßgeblich für das Zustandekommen des Vertrages sind neben den direkten Kosten für den Stoff selbst sowie dem Ort der Bereitstellung und den damit verbundenen Transportkosten vor allem die Art und Zusammensetzung der Rückstände. Die größten Absatzchancen hat ein von vornherein getrennt gesammelter Stoff ohne andere Bestandteile, weil hier ein unter Umständen aufwendiger Trennungsprozeß mit der Folgeproblematik der zu beseitigenden Rückstände entfällt.

Befindet sich das verwertende Unternehmen nun im Besitz des Reststoffes, so kommen verschiedene Verwertungsmethoden in Betracht, die im folgenden erläutert werden sollen:

- Wiederverwertung,
- Weiterverwertung beziehungsweise -verarbeitung,
- Wiederverwendung,
- Weiterverwendung.

Wird ein Produktionsrückstand oder ein Produkt, das sich bereits in Gebrauch befand, in denselben oder gleichen Produktionsprozeß zurückgeführt, so wollen wir dies als *Wiederverwertung* bezeichnen. Als Beispiel soll dies an der Weißblechverwertung dargestellt werden (vgl. Bundesminister für Umwelt, ..., S. 214 ff.).

Beim hier zur Verfügung stehenden Weißblech handelt es sich vorwiegend um Verpackungsabfälle aus verzinntem Feinstblech. In der Bundesrepublik werden jährlich mehrere Hunderttausend Tonnen Weißblech in der Verpackungsindustrie verarbeitet. Die in der Produktion anfallenden Rückstände gelangen nach Entzinnung und Einschmelzung über die Walzwerke wieder an den Verpackungshersteller. Die Weißbleche, die über den Groß- und Einzelhandel zum Verbraucher gelangen, werden fast ausschließlich über den Haus- und Gewerbemüll entsorgt. Eine Aussortierung erfolgt durch Magnetabscheidung vor Verbrennung, nach Verbrennung sowie auf Kompostierungsanlagen und Deponien. In der Bundesrepublik wird inzwischen ein großer Teil des Weißblechabfalls verwertet.

Neben dieser Verwertung war durch die Reduzierung des Gewichtes ein weiterer Positiveffekt zu verzeichnen. Während 1950 eine Getränkedose noch durchschnittlich 83 g wog, ist das Gewicht bis heute auf weniger als ein Drittel gesunken.

Trotz dieser Recycling-Anstrengungen wird die Frage nach der Sinnhaftigkeit des Gebrauchs von Getränkedosen weiterhin in der Öffentlichkeit lebhaft diskutiert.

Eine weitere Methode der Verwertung ist durch die *Weiterverwertung* beziehungsweise *Weiterverarbeitung* gegeben. Hierbei werden Produktionsrückstände oder gebrauchte Produkte in einem noch nicht durchlaufenen Produktionsprozeß eingesetzt.

Beispiele hierfür sind der Kunststoffbereich und der Altreifenbereich (vgl. Bundesminister für Umwelt, ..., S. 147 ff.; Blom 1986, S. 34).

Von den im Jahr 1986 in der Bundesrepublik verarbeiteten 7,1 Millionen Tonnen Kunststoff-Rohstoffen wurden 4,6 Millionen Tonnen zur Herstellung von Kunststofferzeugnissen verwandt. Zur Entsorgung stehen jährlich 1,2 Millionen Tonnen aus dem industriellen und gewerblichen Bereich sowie 1,1 Millionen Tonnen aus privaten Haushalten an. Der gewerbliche Bereich geht zunehmend dazu über, Kunststoffe getrennt zu sammeln und einer Verwertung zuzuführen. Kunststoffe aus privaten Haushalten wurden nur versuchsweise der Verwertung angedient. Da die aus diesen Kunststoffen gewonnenen Produkte bisher auf eine relativ geringe Marktakzeptanz stießen, sind auch den Expansionswünschen der mit der Verwertung befaßten Unternehmen enge Grenzen gesetzt. Seit 1986 hat sich allerdings bereits das Aufkommen des zur Aufarbeitung anstehenden Kunststoffs schon aufgrund der Einführung des „Grünen Punkts" erheblich erhöht.

Jährlich stehen ca. 325 000 Tonnen Altreifen zur Entsorgung an. Von ihnen werden 28,5 Prozent in der thermischen Verwertung, 24,2 Prozent in der Runderneuerung, 16,2 Prozent auf Zwischenlagern, 10,9 Prozent im Export und Deichbau, 7,0 Prozent in der mechanischen Verwertung sowie 13,2 Prozent auf der Deponie eingesetzt. Weitere Einsatzmöglichkeiten, wie die Verbrennung zur Energiegewinnung oder die Pyrolyse (ein Verfahren zur Zersetzung kohlenstoffhaltiger Materialien durch Einwirkung von Hitze, aber unter Ausschluß von Sauerstoff) zur Gewinnung chemischer Rohstoffe, sind aufgrund der entstehenden Schadstoffe beziehungsweise der negativen Energiebilanz zu überdenken.

Unter *Wiederverwendung* ist die erneute Nutzung eines Produktes für den gleichen Verwendungszweck zu verstehen. Das wohl augenscheinlichste Beispiel für diese Form der Verwertung stellt die Mehrwegverpackung dar. Hierbei handelt es sich um eine Art der Verpackung, die für den mehrmaligen Transport zwischen Produzent und Verbraucher geeignet ist. Hierzu zählen etwa Euro-Paletten und Container sowie im Privathaushalt die Pfandflasche.

Es bleibt zu wünschen, daß diese über Jahre von der Einwegverpackung zurückgedrängte Verpackungsart sich wieder stärker am Markt durchsetzt, um Abfallaufkommen, Energie- und Rohstoffverbrauch sowie Kosten zu senken.

Als *Weiterverwendung* wird die Möglichkeit der Verwertung bezeichnet, bei der ein Produkt, das bereits in Gebrauch war, für einen Verwendungszweck eingesetzt wird, für den es ursprünglich nicht bestimmt war. Hiermit ist, wie schon unter der Wiederverwendung, der Gebrauchsgütermarkt angesprochen. Als Beispiel für die Weiterverwendung soll eine Turbine dienen, die bisher zum Verdichten von Gas eingesetzt wurde und ihren neuen Einsatz in der Stromerzeugung findet.

Die vorgenannten Beispiele zeigen, daß Recycling keine ad-hoc-Maßnahme ist, sondern ein langfristiges Konzept. Dieses Konzept verlangt auf Seiten der Materialwirtschaft bereits die Berücksichtigung der Entsorgung bei der Anfrage (vgl. Arbeitsgruppe Entsorgung ..., S. 26). Bei allem Bemühen um eine Verwertung darf jedoch nicht vergessen werden, daß dies nur die zweitbeste Lösung ist. Nach wie vor bleibt eine Vermeidung der Verwertung vorzuziehen. Ist jedoch weder eine Vermeidung noch eine Verwertung möglich, bleibt letztlich nur die Abfallentsorgung.

4.3.2 Möglichkeiten der Abfallentsorgung

Auf die grundsätzlichen Inhalte der Begriffe „Abfall" und „Entsorgung" wurde bereits eingegangen. Welche Möglichkeiten stehen nun zur Verfügung, um Abfälle zu „beseitigen"? Dieser Begriff ist ungenau, da Abfälle sich letztlich nicht beseitigen lassen, sondern nur abgelagert, verwertet oder umgewandelt werden können.

Zunächst ist zu klären, wer Abfälle entsorgen muß. Hierüber gibt das Abfallgesetz Auskunft. In der Regel haben die Landkreise oder kreisfreien Städte, mitunter auch die Gemeinden die Pflicht zur Abfallentsorgung. Landesabfallgesetze oder besondere Zuständigkeitsverordnungen regeln die Zuständigkeiten im einzelnen. Hausmüll und mit ihm vergleichbare Abfälle müssen von den entsorgungspflichtigen Körperschaften beseitigt werden, Sondermüll kann von der Entsorgungspflicht ausgeklammert werden. Für die Entsorgung dieser Sonderabfälle ist der Verursacher verantwortlich. Für die Abfallstoffe, für die die Körperschaften eine Entsorgungspflicht haben, kann die Durchführung auf private Unternehmen übertragen werden.

Hinsichtlich der Organisation der Abfallentsorgung ist die Abfallentsorgungsplanung besonders zu erwähnen. Mit Hilfe der Abfallentsorgungspläne legen die Länder nach überörtlichen Gesichtspunkten Standorte für Abfallentsorgungsanlagen fest.

Wir kennen drei grundsätzliche Methoden der Entsorgung von Abfall:

- Deponierung,

- Verbrennung,

- Kompostierung.

Unter *Deponie* ist eine Anlage zur dauerhaften, geordneten und kontrollierten Ablagerung von Abfall zu verstehen. Hierbei ist zwischen Hausmüll-, Bauschutt- und Sonderabfalldeponie zu unterscheiden.

Hausmülldeponien dienen der Ablagerung von nur oder überwiegend festen Siedlungsabfällen. Hierunter sind Hausmüll, Sperrmüll sowie hausmüllähnliche Gewerbeabfälle zu verstehen. Darüber hinaus werden auf Hausmülldeponien Klärschlämme abgelagert. Die Unterschiedlichkeit der Abfälle bewirkt physikalische, chemische und mikrobiologische Prozesse, die nur schwer kontrollierbar sind. Um Umweltschäden weitgehend zu vermeiden, sind deshalb die Deponiekörper regelmäßig zu untersuchen sowie Sickerwasser und Abgase zu kontrollieren. Nach Schließen der Deponie ist eine Rekultivierung durchzuführen und die Nachsorge etwa durch regelmäßige Analysen vorzunehmen.

Von der Hausmülldeponie ist die *Sonderabfalldeponie* zu unterscheiden. Auf ihr werden Stoffe abgelagert, die aufgrund ihrer Art oder Menge nicht zusammen mit Hausmüll oder hausmüllähnlichen Abfällen entsorgt werden dürfen (Sonderabfälle). Bei der Entsorgung von Sonderabfällen werden vom Gesetzgeber erhöhte Anforderungen etwa bei der Lagerung und dem Transport gestellt. Sie unterliegen in der Regel der Nachweispflicht in Verbindung mit der Abfall- und Reststoffüberwachungs-Verordnung.

Eine Überwachung der Sonderabfalldeponien ist mehr noch als bei den Hausmülldeponien erforderlich. Aus diesem Grund verfügen Sonderabfalldeponien über einen Kontrollbereich mit Probenahmestation und Labor, über einen Zwischenlagerbereich und über Vorbehandlungsanlagen, beispielsweise zur Entwässerung beziehungsweise Verfestigung der Abfälle. Darüber hinaus sind an die Untergrundabdichtung einer Sonderabfalldeponie besondere Anforderungen zu stellen. Das Sickerwasser der Deponie muß erfaßt und behandelt werden.

Einen Spezialfall bei der Ablagerung von Sonderabfällen stellen *Untertagedeponien* dar. Bei ihnen wird der Abfall in mehreren hundert Meter Tiefe in Abbauhohlräume eingebracht, um sie den hydrologischen und biologischen Kreisläufen zu entziehen. Da diese Lagerung meist in Fässern erfolgt, sind die Abfälle im Prinzip „rückholbar", um sie zu einem späteren Zeitpunkt gegebenenfalls einer anderen Beseitigungsmethode zuzuführen.

In Tabelle 1 werden die Vor- und Nachteile der Deponierung schematisch gegenübergestellt.

Vorteile	Nachteile
Hohe Betriebssicherheit Niedrige Kosten für die Errichtung Niedrige Betriebskosten Problemloses Auffangen von Mengenschwankungen Verwertungsmöglichkeit der Deponiegase	Notwendigkeit zur Sickerwasserentsorgung Rekultivierungsaufwand Nachsorgepflicht

Tabelle 1: Vor- und Nachteile der Deponierung

Eine weitere wichtige Methode der Abfallentsorgung ist die Verbrennung. Verbrannt werden vor allem Hausmüll, Sperrmüll sowie hausmüllähnliche Gewerbeabfälle und Klärschlamm. Wie jedoch bei der Deponierung ist auch bei der Verbrennung zu unterscheiden zwischen Anlagen zur Verbrennung von Hausmüll und solchen zur Verbrennung von Sonderabfall.

Der Verbrennung liegt die Annahme zugrunde, daß der größte Teil des Abfalls brennbar ist. Somit kann das Volumen der Abfälle deutlich reduziert werden, knapper Deponieraum wird auf diese Weise geschont. Durch entsprechende Sortieranlagen können brennbare Anteile von nichtbrennbaren getrennt und zu einem gesonderten Brennstoff verarbeitet werden, dessen Verwendbarkeit jedoch eingeschränkt ist.

Die beim Verbrennungsprozeß in der Anlage gewonnene Energie kann zum Beispiel als Fernwärme oder Strom genutzt werden. Unabdingbar ist für den Betrieb einer Verbrennungsanlage jedoch eine entsprechende Rauchgasreinigungsanlage zur Begrenzung der Emissionen. Außerdem bleiben nach jeder Verbrennung Schlacke und Flugasche übrig, die im Fall der Schlacke für deponietechnische Zwecke eingesetzt werden kann. Flugasche und die bei der Rauchgasreinigung anfallenden Rückstände sind auf geeigneten Deponien zu entsorgen (vgl. AGR, S. 10).

Verbrennungsanlagen eignen sich in besonderer Weise für die Entsorgung von Sonderabfällen. Hochgefährliche Stoffverbindungen können zerstört oder aufgespalten werden. Hinzu kommt, daß über die Sonderabfallverbrennung auch solche Stoffe entsorgt werden können, die sich aufgrund ihrer Konsistenz für eine Deponierung nicht eignen (flüssige oder pastöse Abfälle). Jedoch sind hierbei Anforderungen an die Verbrennungssysteme und die Abgasreinigungsanlagen zu stellen.

Tabelle 2 skizziert noch einmal verkürzt die Vor- und Nachteile der Verbrennung.

Vorteile	Nachteile
Energierückgewinnung Große Aufnahmekapazität Kein Abwasser Nähe zum Anfallsort des Abfalls	Kostenintensität Emissionen Notwendigkeit der Deponierung der nicht brennbaren Inhaltsstoffe

Tabelle 2: Vor- und Nachteile der Verbrennung

Bei der *Kompostierung*, dem dritten hier vorgestellten Verfahren zur Beseitigung von Abfällen, wird die Vergärung organischer Stoffe dazu genutzt, aus Hausmüll oder hausmüllähnlichen Gewerbeabfällen Kompost zu erzeugen. Mikroorganismen zersetzen die organischen Bestandteile der Abfälle. Der gewonnene Kompost wird zur Bodenverbesserung beim Weinanbau, bei der Rekultivierung von Deponien und bei der Landschaftsgestaltung eingesetzt.

Dem Vorteil der Rückführung der Stoffe stehen die Nachteile erheblicher Absatzprobleme sowie eines hohen Platzbedarfs für die Errichtung von Kompostierungsanlagen und hohe Handlingskosten gegenüber.

Der Umgang mit den in diesem Kapitel vorgestellten Verwertungs- und Beseitigungsverfahren erfordert Fachkompetenz, die in hohem Maße beim Materialwirtschaftler angesiedelt ist. „Im Rahmen einer vorausschauenden Umweltvorsorge gilt es, über die notwendige Beseitigung bereits vorhandener Umweltschäden hinaus ein wirkungsvolles Handlungskonzept zur Vermeidung neuer Umweltschäden zu entwickeln und in die Praxis umzusetzen. Aus Sicht des Bundesumweltministers bieten sich im Bereich des Beschaffungs- und Vergabewesens sowie in der Materialwirtschaft besondere Chancen zur Verringerung von Umweltproblemen." (Aus dem Grußwort des Bundesministers für Umwelt, Naturschutz und Reaktorsicherheit auf einem Forum des BME zur Abfallwirtschaft.)

5 Gesetzliche Grundlagen

Wer sich heute mit Abfallwirtschaft befaßt, sieht sich einer wahren Flut gesetzlicher Bestimmungen und Verordnungen ausgesetzt, die seine Entscheidungen und sein Handeln beeinflussen. Die nachstehende Übersicht (vgl. Blom, 1989, S. 12) zeigt einige relevante Umweltschutzgesetze.

Luft/Lärm	Gewässer	Abfall	Produkte	Sonstiges
– Bundesimmisionsschutzgesetz – Durchführungsverordnungen zum BImSchG – TA Luft – TA Lärm – Smog VO der Länder – Benzin-Blei-Gesetz – Fluglärmgesetz	– Wasserhaushaltsgesetz – Verwaltungsvorschriften über Mindestanforderungen – Abwasserabgabengesetz	– Abfallgesetz – Abfall- und Reststoffüberwachungs-VO – Abfall-Bestimmungs-VO – Abfall-Verbringungs-VO – Abfallbeauftragten-VO – Tierkörperbeseitigungsgesetz – Reststoff-Bestimmungs-VO – TA Abfall – Altöl-VO – Klärschlamm-VO – Verpackungs-VO	– Chemikaliengesetz – Lebensmittel- und Bedarfsgegenständegesetz – Arzneimittelgesetz – Düngemittelgesetz – Futtermittelgesetz – Waschmittelgesetz	– Bundesnaturschutzgesetz – Bundeswaldgesetz – Pflanzenschutzgesetz – Atomgesetz – Strahlenschutz-VO – Gesetz über Umweltstatistiken – Bundesbaugesetz – Umweltkriminalitätsgesetz

Tabelle 3: Einige wichtige Umweltschutzgesetze und -verordnungen

Tabelle 3 verdeutlicht, daß es den Rahmen dieser Arbeit sprengen würde, wollten wir uns mit allen hier aufgeführten Gesetzen und Verordnungen befassen (wobei die Tabelle nur einen Ausschnitt der gesetzlichen Regelungen darstellt). Aus diesem Grunde wollen wir uns darauf beschränken, auf einige – die Materialwirtschaft besonders betreffende – gesetzliche Grundlagen einzugehen.

5.1 Abfallgesetz

Um der steigenden Zahl von Abfällen Rechnung zu tragen und aus der Erkenntnis, Abfälle nicht mehr auf einer mehr oder weniger ungesicherten Deponie ablagern zu lassen, erließ der Gesetzgeber 1972 das „Abfallbeseitigungsgesetz" (AbfG).

Ziel des Gesetzes war es, die Abfallströme zu erfassen, die Abfälle entsprechend ihrer Eigenschaften den Abfallbeseitigungsanlagen zuzuordnen und ihre geordnete „Beseitigung" zu überwachen.

Demnach hatte man die Abfälle in zwei Gruppen aufzuteilen:

– Abfälle, die üblicherweise in Haushalten anfielen oder diesen gleichzusetzen waren. Sie wurden in der Regel über die kommunale Müllabfuhr entsorgt.

– Abfälle, an deren Entsorgung aufgrund ihrer umweltgefährdenden Eigenschaften besondere Anforderungen zu stellen waren (Sonderabfälle).

Die Trennung der Abfälle nach diesen Kriterien hatte zur Folge, daß auch die Deponieräume entsprechend in Hausmülldeponien und Sonderabfalldeponien umzuwidmen waren. Dementsprechend fand eine Verlagerung von Abfallmengen statt. Die dem Hausmüll entzogenen Abfälle belasteten die Sonderabfalldeponien. Das Ziel aber, das Abfallaufkommen zu verringern, wurde nicht erreicht.

In den folgenden Jahren wurden die Deponiekapazitäten wie auch die Kapazitäten der Verbrennungsanlagen, gerade auch für Sonderabfallstoffe, immer knapper (sie sind auch heute noch unzureichend). Gleichzeitig setzten neue Gesetze und Verordnungen engere Grenzen. Das Wasserhaushaltsgesetz wurde verschärft, immer mehr Abfallstoffe wurden als gefährdend eingestuft. Mit einer Verbesserung der chemischen Analytik ging eine Senkung der Grenzwerte für bestimmte Stoffe einher. Eine Bewältigung der Abfälle entsprechend der Ziele des Abfallbeseitigungsgesetzes von 1972 war nicht mehr möglich.

Mit dem am 1. November 1986 in Kraft getretenen „Gesetz über die Vermeidung und Entsorgung von Abfällen (Abfallgesetz – AbfG)" wurden die Ziele neu definiert (hierauf wurde bereits kurz eingegangen):

- Abfälle sind zu vermeiden,

- Abfälle sind zu verwerten,

- Abfälle, die nicht zu vermeiden oder zu verwerten sind, sind so zu beseitigen, daß das Wohl der Allgemeinheit nicht beeinträchtigt wird.

Darüber hinaus dürfen nach dem Bundesimmissionsschutzgesetz (BImSchG) Produktionsanlagen erst in Betrieb genommen werden, wenn sichergestellt ist, daß

- Abfälle nicht anfallen oder

- die Verwertung der Abfälle gesichert ist oder wenn eine Vermeidung oder Verwertung nicht möglich ist,

- das Abfallaufkommen so gering wie möglich gehalten wird und vor Produktionsbeginn nachgewiesen wird, daß eine geordnete Entsorgung erfolgen kann.

Mit dem Abfallgesetz von 1986 wird das Abfallwirtschaftsprogramm der Bundesregierung von 1975 gesetzlich abgesichert. Bereits in diesem Programm waren die Grundsätze von Vermeidung und Verwertung vor der Beseitigung als Zielsetzung aufgenommen.

Im § 3 AbfG ist festgeschrieben, *wer* zu entsorgen hat. Grundsätzlich ist hierzu die nach Landesrecht zuständige Körperschaft des öffentlichen Rechts zuständig. Sie kann sich zur Erfüllung dieser Pflicht eines Dritten, also etwa eines privaten Entsorgungsunternehmens, bedienen. Die genannten Körperschaften können mit Zustimmung der zuständigen Behörde Abfälle von der Entsorgung ausschließen, wenn sie diese nach Art oder Menge nicht mit den in den Haushalten anfallenden Abfällen entsorgen können.

Auf den Abfallbegriff, der im § 1 AbfG bestimmt ist, wurde bereits eingegangen. Eine weitere Vertiefung soll im Rahmen dieser Arbeit unterbleiben. Neben einer Antwort auf die Frage, *was* unter Abfall und Abfallentsorgung zu verstehen ist, regelt § 1 ebenfalls, wofür die Vorschriften des AbfG nicht gelten, so zum Beispiel für Kernbrennstoffe und sonstige radioaktive Stoffe im Sinne des Atomgesetzes.

Der Grundsatz der Abfallentsorgung, also das *Wie*, ist im § 2 geregelt. Er schreibt vor, die Abfallentsorgung habe so zu erfolgen, daß das Wohl der Allgemeinheit nicht beeinträchtigt wird. An die Entsorgung von Abfällen, „die nach Art, Beschaffenheit oder Menge im besonderen Maße gesundheits-, luft- oder wassergefährdend, explosibel oder brennbar sind oder Erreger übertragbarer Krankheiten enthalten oder hervorbringen können" (§ 2 Absatz 2 AbfG), sind zusätzliche Anforderungen zu stellen. Diese Sonderabfälle können grundsätzlich nicht in Hausmüllbehandlungsanlagen entsorgt werden. Sie unterliegen in der Regel der Nachweispflicht in Verbindung mit den Vorschriften der Abfallnachweis-Verordnung. Gegebenenfalls sind besondere Sicherheitsvorkehrungen zu treffen (vgl. Arbeitsgruppe Entsorgung, S. 13).

Das *Wo* der Abfallentsorgung wird im § 4 Absatz 1 geregelt. Hiernach dürfen Abfälle nur in dafür zugelassenen Anlagen oder Einrichtungen behandelt, gelagert oder abgelagert werden.

Das Abfallgesetz wird unter anderem ergänzt durch die Verordnung zur Bestimmung von Abfällen im Sinne des § 2 Absatz 2 AbfG und die Abfall- und Reststoffüberwachungs-Verordnung, die kurz vorgestellt werden.

5.2 Abfall-Bestimmungs-Verordnung

Wie erwähnt sind an die Entsorgung der im Abfallgesetz unter § 2 Absatz 2 aufgezeigten Abfälle zusätzliche Anforderungen zu stellen. Mit der Abfall-Bestimmungs-Verordnung müssen diese Abfälle bundeseinheitlich einer verschärften Überwachung zugeführt werden.

In der Anlage zur Abfall-Bestimmungs-Verordnung sind die Abfälle mit Abfallart, Eigenschaften, Abfallschlüsselnummer und Herkunft bezeichnet. Für die hier bezeichneten Abfälle bestehen folgende besondere Pflichten (vgl. Bundesminister für Umwelt ..., S. 46):

- Nachweispflicht nach § 11 Absatz 2 und 3 AbfG,

- Bestellung eines Betriebsbeauftragten für Abfall für Anlagen, in denen diese Abfälle erzeugt werden,

- Verpflichtung der Länder zur besonderen Berücksichtigung dieser Abfälle bei der Erstellung der Abfallentsorgungspläne (§ 6 Absatz 3 AbfG),

- besondere Pflicht der zuständigen Behörden zur Erteilung von Auskünften über entsprechende Entsorgungsmöglichkeiten.

5.3 Abfall- und Reststoffüberwachungs-Verordnung

Die Abfall- und Reststoffüberwachungs-Verordnung (AbfRest ÜberwV) gilt für Abfallerzeuger, -beförderer und -entsorger sowie für Besitzer von Reststoffen. Entsprechend dieser Verordnung ist vom Abfallbeförderer eine entsprechende Genehmigung nach § 12 AbfG bei den zuständigen Behörden zu beantragen. Für diese Genehmigung sind unter anderem Gewerbeanmeldung, Handelsregisterauszug, Gewässerschadenshaftpflichtversicherung und Betriebshaftpflichtversicherung nachzuweisen.

Für die nach § 11 Absatz 2 bzw. 3 AbfG bestehende *Nachweispflicht* für Abfälle, die nicht mit den in Haushaltungen anfallenden Abfällen entsorgt werden, wird mit der Abfall- und Reststoffüberwachungs-Verordnung der Entsorgungsnachweis über die Zulässigkeit der vorgesehenen Entsorgung eingeführt. Insbesondere sind hierbei vom Abfallerzeuger die Möglichkeiten einer Verwertung zu prüfen.

Der *Entsorgungsnachweis* besteht nach § 8 AbfRestÜberwV aus der verantwortlichen Erklärung des Abfallerzeugers, der Annahmeerklärung des Abfallentsorgers und der Entsorgungsbestätigung der für die Entsorgungsanlage zuständigen Behörde. Der Entsorgungsnachweis gilt für längstens fünf Jahre.

Die Handhabung des Entsorgungsnachweises geschieht auf folgende Weise:

a) Der Abfallerzeuger füllt den Teil „Verantwortliche Erklärung" aus und leitet den Entsorgungsnachweis an den Abfallentsorger weiter.

b) Der Abfallentsorger füllt den Teil „Annahmeerklärung" aus und leitet ihn mit der „Verantwortlichen Erklärung" an die für die Entsorgung zuständige Behörde weiter.

c) Die zuständige Behörde bestätigt die Zulässigkeit der Entsorgung und sendet dem Abfallentsorger das Original des Entsorgungsnachweises.

d) Der Abfallentsorger fertigt für sich eine Kopie und sendet das Original dem Abfallerzeuger; dieser wiederum sendet eine Kopie an die für ihn zuständige Behörde.

Von diesem Prozedere kann abgewichen werden, wenn die einzusammelnden Abfälle dieselbe Abfallschlüsselnummer und den gleichen Entsorgungsweg haben. Darüber hinaus sind weitere Anforderungen an die Zusammensetzung und die Höchstmengen der einzusammelnden Abfälle gestellt. Sind diese Voraussetzungen erfüllt, kann der Nachweis der Zulässigkeit der Entsorgung durch den Abfallbeförderer mittels eines Sammelentsorgungsnachweises geführt werden. Er besteht aus der verantwortlichen Erklärung des Abfallbeförderers, der Annahmeerklärung des Abfallentsorgers und der Entsorgungsbestätigung der für die Entsorgungsanlage zuständigen Behörde.

Der Nachweis über eine durchgeführte Entsorgung von besonders überwachungsbedürftigen Abfällen wird mit Hilfe von Begleitscheinen durchgeführt.

Zur Sicherstellung der abfallrechtlichen Erfordernisse sollte sich der Abfallerzeuger vor Übergabe von Abfällen an Dritte überzeugen, daß

- die Beförderungsgenehmigung nach § 12 Abfallgesetz noch gültig ist,

- der abzuholende Abfall namentlich im Anhang zur Beförderungsgenehmigung aufgeführt ist,

- die Angaben zum Beförderer und die Beförderernummer laut Beförderungsgenehmigung richtig in den Abfallbegleitschein/ Übernahmeschein übertragen wurde,

- der eigene Entsorgungsnachweis (ESN) beziehungsweise der Sammelentsorgungsnachweis (SESN) des Beförderers noch gültig ist,

- die Angaben zum Entsorger und die Entsorgernummer aus dem ESN richtig in den Begleitschein übertragen wurden,

- die ESN-Nummer richtig in den Begleitschein beziehungsweise die SESN-Nummer richtig in den Übernahmeschein übertragen wurde,

- die Abfallbezeichnung mit dem Abfallschlüssel übereinstimmt und sich die Angaben aus Begleit-/Übernahmeschein mit den zugehörigen Maßnahmen decken,

- die zu entsorgende Abfallmenge in den Begleit-/Übernahmeschein eingetragen ist,

- das KFZ-Kennzeichen des befördernden Fahrzeugs mit dem auf dem Begleitschein eingetragenen Kennzeichen übereinstimmt,

- im Falle mehrerer abfallerzeugender Betriebsstellen die Abfallerzeugernummer sowie Name und Anschrift mit den Betriebsdaten übereinstimmen,

- das transportierende Fahrzeug richtig gekennzeichnet ist,

- der Fahrer des Beförderers für die ordnungsgemäße Beförderung unterschrieben und das Datum der Übernahme in den Begleit-/Übernahmeschein eingetragen hat.

Für die Verwertung von Reststoffen ist ebenfalls die Zulässigkeit durch Entsorgungsnachweis zu führen.

Die vorgenannten Empfehlungen gelten dann analog, jedoch ist für Reststoffe keine Beförderungsgenehmigung nach § 12 Abfallgesetz erforderlich. Darüber hinaus entfällt die Kennzeichnung des Fahrzeugs als Abfall transportierend.

5.4 Gefahrgutverordnung Straße

Noch wesentlich schärfere Bedingungen gilt es zu erfüllen, wenn es darum geht, gefährliche Güter zu transportieren. Dabei können Sonderabfälle gleichermaßen gefährliche Güter sein. Im Sinne des „Gesetzes über die Beförderung gefährlicher Güter" sind hierunter Stoffe und Gegenstände zu verstehen, „von denen aufgrund ihrer Natur, ihrer Eigenschaften oder ihres Zustandes im Zusammenhang mit der Beförderung Gefahren für die öffentliche Sicherheit oder Ordnung, insbesondere für die Allgemeinheit, für wichtige Gemeingüter, für Leben und Gesundheit von Menschen sowie Tiere und andere Sachen ausgehen können" (§ 2 Absatz 1 Gefahrgutgesetz).

Unter Beförderung ist hierbei nicht nur die Ortsveränderung gemeint, sondern auch die Übernahme und Ablieferung des Gutes sowie zeitweilige Aufenthalte. Dementsprechend ist eine Reihe von Personen mit der Beförderung befaßt, die verantwortlich sind. Entsprechend der Ermächtigung durch das Gefahrgutgesetz wurde für den Transport auf der Straße die „Verordnung über die innerstaatliche und grenzüberschreitende Beförderung gefährlicher Güter auf Straßen (Gefahrgutverordnung Straße – GGVS)" erlassen. Entsprechende Verordnungen gibt es für Eisenbahn (GGVE/RID), Binnenschiffahrt (GGVBinSch/ADNR), See (GGVSee) und Luftverkehr (IATA-DGR), deren gesonderte Betrachtung im Rahmen dieser Arbeit jedoch unterbleiben soll. Der verantwortliche Personenkreis läßt sich in drei Gruppen gliedern (vgl. Arbeitsgruppe Entsorgung, S. 42 f.):

- Personen mit unmittelbarer Verantwortlichkeit:

    - Beförderer,
    - Absender,
    - Verlader,
    - Fahrzeugführer.

- Personen mit mittelbarer Verantwortlichkeit:
  - Unternehmer,
  - Inhaber von Betrieben,
  - Behördenleiter,
  - Privatpersonen,
  - Halter von Fahrzeugen,
  - Empfänger,
  - Beifahrer,
  - amtlich anerkannte Sachverständige.
- Personen mit allgemeiner Verantwortlichkeit:
  - alle an der Beförderung gefährlicher Stoffe Beteiligten.

Auf die Pflichten des Absenders soll im folgenden näher eingegangen werden, da sie den Materialwirtschaftler in besonderer Weise betreffen. Nach § 2 Absatz 1 GGVS „ist Absender, wer mit dem Beförderer einen Beförderungsvertrag abschließt; wird kein Beförderungsvertrag abgeschlossen, so gilt der Beförderer als Absender".

Als Absender können demnach beispielsweise in Frage kommen:

- der Hersteller oder auch der Vertreiber eines gefährlichen Gutes, wenn er durch einen Dritten befördern läßt;

- derjenige, der im Auftrag des Herstellers oder Vertreibers durch einen Dritten transportieren läßt;

- der Hersteller oder Vertreiber, wenn er selbst befördert;

- derjenige, der im Auftrag des Herstellers oder Vertreibers selbst befördert.

Die Pflichten des Absenders gehen zunächst aus § 10 GGVS (Ordnungswidrigkeiten) hervor. Danach hat der Absender den Beförderer auf das gefährliche Gut, dessen Bezeichnung oder die Erlaubnispflicht ausdrücklich hinzuweisen. Er darf nur solche Güter befördern lassen, deren Beförderung nicht ausdrücklich verboten ist. Der Absender hat Sendungen mit gefährlichen Gütern ein Beförderungspapier beizugeben, wenn die Mengen überschritten werden, die für die einzelnen durch die GGVS bestimmten Gefahrenklassen vorgesehen sind.

Eine Abwälzung der Verantwortung, etwa vom Absender auf den Beförderer, ist nicht zulässig. Verstöße gegen die Pflichten, wie wir sie beispielhaft für den Absender aufgezeigt haben, können mit erheblichen Geldbußen geahndet werden.

Neben den in Abschnitt 5.3 angesprochenen Kriterien sollte bei der Übergabe von Gefahrgütern an Dritte sichergestellt werden, daß

- bei Tankfahrzeugen die Bescheinigung der besonderen Zulassung nach RN 10282 GGVS vorliegt, sie noch gültig ist und das Gefahrgut namentlich aufgeführt ist,

- das Versandstück / der Tank mit Gefahrzetteln gekennzeichnet ist,

- das Versandstück / der Tank incl. der Verschlußeinrichtungen einwandfrei sind,

- der Fahrer eingewiesen und bei Tanks auf den maximalen Füllungsgrad hingewiesen worden ist,

- das Fahrzeug / der Tankcontainer korrekt gekennzeichnet ist,

- korrekte Unfallmerkblätter vorliegen,

- ein GGVS-Beförderungspapier vorliegt oder die Angaben zum Gefahrgut im Abfallbegleit- oder Übernahmeschein aufgeführt sind.

Gegebenenfalls sind zusätzlich für den Fahrer die ADR-Bescheinigung und eine persönliche Schutzausrüstung und für das Fahrzeug eine besondere Ausrüstung erforderlich.

5.5 Kreislaufwirtschafts- und Abfallgesetz

Am 27. September 1994 hat der Bundestag mit Zustimmung des Bundesrates das Gesetz zur Förderung der Kreislaufwirtschaft und Sicherung der umweltverträglichen Beseitigung von Abfällen (Kreislaufwirtschafts- und Abfallgesetz – KrW-/AbfG) erlassen. Es wird das bisher geltende Abfallrecht nach der Übergangsfrist im September 1996 ablösen (vgl. hierzu: Petersen, S. V 4 ff.; Töpfer, S. 329 f.). Einige wichtige Punkte dieser gesetzlichen Regelung sollen im folgenden kurz erläutert werden.

Das Kreislaufwirtschafts- und Abfallgesetz weist den Verursachern Pflichten zur Vermeidung, Verwertung und Beseitigung zu. So ist, wer Güter produziert und konsumiert, für diese Pflichten im Zusammenhang mit den dabei anfallenden Abfällen nach den §§ 5, 11 grundsätzlich selbst verantwortlich.

Unterschieden werden im Kreislaufwirtschafts- und Abfallgesetz nach § 3 Abfälle zur Verwertung und Abfälle zur Beseitigung. Abfall wird definiert als alle beweglichen Sachen, die unter die in Anhang I zum Gesetz aufgeführten Abfallgruppen fallen und deren sich ihr Besitzer entledigt, entledigen will oder entledigen muß. Eine Entledigung in diesem Sinne liegt vor, wenn der Besitzer die beweglichen Sachen einer Verwertung gemäß einem in Anhang II B des Gesetzes beschriebenen Verfahren zuführt, die Sachen nach einem in Anhang I A des Gesetzes beschriebenen Verfahren beseitigen läßt oder die tatsächliche Herrschaft über die Sachen ohne jede weitere Zweckbestimmung aufgibt.

Ein Entledigungswille wird bei beweglichen Sachen angenommen, die bei der Energieumwandlung, Herstellung, Behandlung oder Nutzung von Stoffen, Erzeugnissen oder Dienstleistungen anfallen, ohne daß der jeweilige Handlungszweck hierauf gerichtet war. Das gleiche gilt, wenn die ursprüngliche Zweckbestimmung der Sache entfällt oder aufgegeben wird, ohne daß ein neuer Zweck der Verwendung unmittelbar an ihre Stelle tritt.

Aus den Grundsätzen und Grundpflichten der Kreislaufwirtschaft nach den §§ 4, 5 geht die vermeidungsorientierte Pflichtenhierarchie des Gesetzes hervor. Hiernach sind Abfälle in erster Linie zu vermeiden, insbesondere durch die Verminderung ihrer Menge und Schädlichkeit, und erst in zweiter Linie stofflich zu verwerten oder zur Gewinnung von Energie zu nutzen. Grundsätzlich hat die Verwertung von Abfällen den Vorrang vor ihrer Beseitigung. Die Pflicht zur Verwertung besteht, soweit dies möglich und wirtschaftlich zumutbar ist. Der Vorrang der Verwertung von Abfällen entfällt, wenn die Beseitigung die umweltverträglichere Lösung darstellt.

Das Kreislaufwirtschafts- und Abfallgesetz weist nach § 22 den Erzeugnisse entwickelnden, herstellenden, be- und verarbeitenden sowie vertreibenden Unternehmen die Produktverantwortung zur Erfüllung der kreislaufwirtschaftlichen Ziele zu. Hierzu sind Erzeugnisse möglichst so zu gestalten, daß bei Herstellung und Gebrauch das Entstehen von Abfällen vermindert wird und die umweltverträgliche Verwertung und Beseitigung der nach Gebrauch entstandenen Abfälle sichergestellt sind. Die aus der Produktverantwortung folgenden Pflichten für das einzelne Unternehmen erlangen erst durch Rechtsverordnungen der Bundesregierung ihren verbindlichen Charakter.

Neben dieses *Postulat der produktspezifischen Abfallvermeidung* tritt die *produktionsspezifische Abfallvermeidung*. Sie ergibt sich aus der Abfallvermeidungspflicht in der Änderung des Bundes-Immissionsschutzgesetzes, § 5 Abs. 1 Nr. 3 (früher Reststoffvermeidungspflicht) und betrifft die Produktionsverfahren.

Fallen bei einem Abfallerzeuger jährlich insgesamt mehr als 2 000 Kilogramm besonders überwachungsbedürftige Abfälle oder mehr als 2 000 Tonnen überwachungsbedürftige Abfälle je Abfallschlüssel an, so hat er nach § 19 ein Abfallwirtschaftskonzept über die Vermeidung, Verwertung und Beseitigung der anfallenden Abfälle zu erstellen. Es dient zwar primär internen Planungszwecken, ist den Behörden aber auf Verlangen für die Abfallwirtschaftsplanung vorzulegen. Sofern die Länder bis zum Inkrafttreten des Kreislaufwirtschafts- und Abfallgesetzes nichts anderes bestimmt haben, ist das Abfallwirtschaftskonzept erstmals bis zum 31. Dezember 1999 für die nächsten fünf Jahre zu erstellen und alle fünf Jahre fortzuschreiben.

Die nach § 19 Verpflichteten haben gemäß § 20 jährlich eine Abfallbilanz über Art, Menge und Verbleib der verwerteten oder beseitigten besonders überwachungsbedürftigen Abfälle zu erstellen. Erstmalig ist dieser Verpflichtung zum 1. April 1998 nachzukommen.

II Grundlagen der Gütertransportwirtschaft

1 Verkehrsträger

1.1 Allgemeines

In der heutigen Zeit ist eine funktionierende Volkswirtschaft ohne den Transport nicht mehr denkbar.

Der *Gütertransport* ist von der Urproduktion (Rohstoffe) über die Fertigung (Weiterverarbeitung), den Handel (Verteilung) bis hin zum Konsumenten erforderlich. Die Durchführung der Transporte erfolgt über die verschiedenen Verkehrswege:

– Land (Straße und Schiene),

– Wasser (Kanäle, Flüsse, Meere),

– Luft.

Genutzt werden diese Verkehrswege von den Verkehrsmitteln, wie Züge, Lastkraftwagen, Binnenschiffe, Seeschiffe und Flugzeuge. Unter dem Begriff **Verkehrsträger** sind alle *Transportunternehmen* zu verstehen, die im Eisenbahnverkehr, Kraftwagenverkehr, Luftverkehr sowie in der Seeschiffahrt und Binnenschiffahrt auf gleichen Verkehrswegen mit gleichen Verkehrsmitteln die Transportleistung erbringen.

Folgende Verkehrsleistungen werden von den genannten Verkehrsträgern, jeder für sich oder auch kombiniert, erbracht:

– *Linienverkehr:* fahrplanmäßige Beförderungsleistungen.

- *Gelegenheitsverkehr (auch Charter- oder Bedarfsverkehr genannt):* bedarfsmäßige Beförderungsleistung.
- *Gebrochener Verkehr:* Beförderung vom Versender zum Empfänger mit verschiedenen Verkehrsmitteln (Transportkette).
- *Ungebrochener Verkehr:* Transport mit dem gleichen Verkehrsmittel.
- *Sammelgutverkehr:* Transport von Gütern, die ein Verkehrsmittel nicht auslasten. Die Auslastung erfolgt durch Sendungen anderer Versender.
- *Ladungsverkehr:* Ein Verkehrsmittel wird vom Versender gewichtsmäßig oder räumlich ausgelastet.

Die verladende Wirtschaft bestimmt, welche Verkehrsleistung ihren Ansprüchen gerecht wird. Die entscheidenden Faktoren der zu transportierenden Güter sind: Gewicht, Umfang, Wert, Dinglichkeit, Verderblichkeit, Häufigkeit, Art, Zustand, Empfindlichkeit und Entfernung.

Die Güterverkehrswirtschaft, als Teil der Verkehrswirtschaft, ist die Gesamtheit aller Verkehrsunternehmen, Einrichtungen sowie technischer, kaufmännischer und organisatorischer Aktivitäten. Die verladende Wirtschaft als Nachfrager und die Transportunternehmen als Anbieter treffen auf dem Güterverkehrsmarkt zusammen. Entscheidend für die Wahl eines Verkehrsträgers ist dessen Leistungsfähigkeit. Im einzelnen unterscheidet man die folgenden *Leistungsmerkmale*:

- *Schnelligkeit:* Beförderungszeit von Station zu Station und Haus zu Haus.
- *Zuverlässigkeit:* Pünktlichkeit und Regelmäßigkeit des Verkehrsträgers.

- *Sicherheit:* Verkehrsmittel und -wege, Transportdauer, Umschlagshäufigkeit.
- *Frequenz:* Planmäßigkeit und Häufigkeit zwischen zwei Orten.
- *Netzdichte:* Anzahl Ausliefer- und Abholstationen, Verteilung im Umland.
- *Kapazität:* Fassungsvermögen des Verkehrsmittels (Gewicht und Volumen).
- *Kosten:* Betriebskosten (Verkehrsunternehmer), Gesamtkosten (Verlader).

1.2 Eisenbahnverkehr

Die Eisenbahn entwickelte sich im 19. Jahrhundert, als die erste Lokomotive eingesetzt wurde. Sie hat ihre volkswirtschaftliche Bedeutung trotz des Straßenausbaus und der Zunahme an Kraftfahrzeugen nicht verloren. Ein wesentlicher Aspekt ist das steigende Umweltbewußtsein. Beim Gütertransport der Eisenbahn liegen die Schwerpunkte im Güterfernverkehr und in der Beförderung von Massengütern, wie Kohle und Kies.

Die Eisenbahn verfügt über eine Vielzahl von verschiedenen Güterwagen, um den mannigfaltigen Gütern den passenden Laderaum zu bieten. In besonderen Fällen können Verlader eigene Spezialwaggons als „Privatwagen" einsetzen. Die Bundesbahn gewährt für die Kosten der Vorhaltung Frachtabschläge, für Leerfahrten wird ein geringes Entgelt erhoben.

Neben den verschiedenen Waggons bietet die Bahn, wie auch andere Verkehrsträger, *zusätzliche Lademittel* an. Diese reduzieren den Verpackungsaufwand, es ergeben sich teilweise Frachtvorteile, die Güter sind besser gegen Beschädigung sowie Diebstahl geschützt, und sie erleichtern den Be- und Entladevorgang. Einige Beispiele für Lademittel:

- Flachpalette (auch Euro-Palette genannt),
- Gitterboxpalette (Flachpalette mit vier Baustahlgitterwänden),
- Collicos (Dauerfaltkisten aus Leichtmetall),
- Mittelcontainer (bis sechs Meter lang, bis fünf Tonnen Nutzlast),
- Großcontainer (ISO-Norm, bis 12 Meter lang = 40 Fuß).

Die Bundesbahn unterhält auch besondere Verkehre wie den *„kombinierten Verkehr"* und den *Schwerlastverkehr*. Der „kombinierte Verkehr" bietet sich für lange Strecken an. Er verbindet die Vorteile der Schiene, zum Beispiel die Umweltfreundlichkeit, Witterungsunabhängigkeit und Pünktlichkeit, mit den Vorteilen der Straße, Haus-Haus-Bedienung und flexible Flächenbedienung. Im „kombinierten Verkehr" werden Güter durchgehend befördert, ohne das Transportgefäß (Container, Sattelauflieger oder gar ganze Lastkraftwagen) wechseln zu müssen.

Des weiteren bietet die Bundesbahn für eiliges Kleingut verschiedene Dienste an:

- *IC-Kurierdienst:* Im Stundentakt zwischen IC-Bahnhöfen. Sendungen bis 10 kg.
- *Termindienst:* Im 12-Stunden-Takt mit garantierter Transportzeit. Sendungen bis 100 kg.
- *Expreßdienst:* Im 12/24-Stunden-Takt. Sendungen bis 200 kg.

Das Frachtgeschäft ist nach dem Handelsgesetzbuch (HGB) ein Grundhandelsgeschäft. Da das HGB hierfür nur allgemeine Bestimmungen enthält, wurden für die verschiedenen Verkehrsträger verbindliche Gesetze und Verordnungen erlassen, die den Besonderheiten Rechnung tragen.

Die Bundesbahn hat gegenüber den anderen Verkehrsträgern eine Beförderungs- und Betriebspflicht. Sie hat die Aufgabe, dem Allgemeinwohl zu dienen, und muß Ware zu angemessenen Preisen befördern, auch wenn der Transport unwirtschaftlich ist.

Die *Eisenbahnverkehrsordnung (EVO)* regelt das Eisenbahnbeförderungsrecht und ist Frachtvertragsgrundlage für jeden nationalen gewerblichen Transport. Der Eisenbahnfrachtvertrag ist ein Realvertrag. Durch die Übergabe der Sendung mit dem Frachtbrief und die Annahme durch die Bundesbahn kommt der Frachtvertrag zustande. Ferner ist dieser Frachtvertrag ein Formalvertrag, da nur der EVO-Frachtbrief anerkannt wird.

Bei internationalen Bahntransporten findet die *CIM* (Abkürzung der in Frankreich geschlossenen Vereinbarung) Anwendung. Sie entspricht inhaltlich weitgehend der EVO.

Die Eisenbahn wird aus Sicherheitsgründen zunehmend für die Beförderung von gefährlichen Gütern eingesetzt. Hierfür sind verbindliche Gefahrengutvorschriften zu beachten. Der Gesetzgeber hat allen an der Beförderung Beteiligten ein hohes Maß an Pflicht und Verantwortung auferlegt, beispielsweise bezüglich Verpakkung, Markierung sowie Warntafeln an den Waggons. Neben den Angaben im Frachtbrief sind Unfallmerkblätter beizufügen. Die Unfallmerkblätter enthalten in Kurzform Maßnahmen bei Personenschäden, im Brandfall oder bei Umweltgefährdung. Rechtliche Grundlage ist die GGVE (Gefahrengutverordnung Eisenbahn) im nationalen Verkehr. Bei internationalen Gefahrguttransporten gelten verbindlich die RID (Abkürzung der in Frankreich geschlossenen Vereinbarung), diese sind nahezu mit der GGVE identisch.

1.3 Güterkraftverkehr

Der Straßengüterverkehr ist heute der wichtigste Verkehrsträger. Er befördert über 75 Prozent aller Güter, gemessen in Tonnen. Die Vorteile liegen in der *Schnelligkeit* und *Flexibilität*. Der Nachteil ist die *relativ geringe Nutzlast*. Um den unterschiedlichen Bedürfnissen der Verlader gerecht zu werden, unterhalten Transportunternehmen, meist spezialisiert, verschiedene Fahrzeugtypen. Beispiele sind neben den „normalen" Lastkraftwagen die Kesselwagen, Silofahrzeuge, Tankfahrzeuge, Tieflader, Isothermfahrzeuge (mit Kühl- oder Heizeinrichtung) und Transporter für Kraftfahrzeuge.

Im Güterkraftverkehr wird zwischen *Güternah-* und *Güterfernverkehr* unterschieden. Güternahverkehrsunternehmer dürfen nur innerhalb eines 75-Kilometer-Radius, ausgehend vom Standort des Betriebssitzes, Güter befördern. Der Güterfernverkehr geht über diese Grenzen hinaus oder wird außerhalb der Grenzen durchgeführt.

Eine weitere Unterscheidung ist nach *gewerblichem Güterkraftverkehr* (Beförderungsleistung gegen Entgelt für Dritte) und nach *Werkverkehr* (Transport für eigene Zwecke) vorzunehmen. Der gewerbliche Güterfernverkehr kann nur mit einer Genehmigung der oberen Landesverkehrsbehörde (Regierungspräsidenten) betrieben werden.

Mit der Öffnung des Binnenmarktes seit 1.1.1993 können auch ausländische Transportunternehmen innerdeutsche Beförderungen durchführen. Hierfür erhalten sie eine Kabotagegenehmigung. (Kabotage heißt: Ein ausländisches Unternehmen darf Inlandstransporte durchführen.)

Für den Werkverkehr besteht keine Genehmigungspflicht, doch müssen folgende Voraussetzungen gegeben sein:

- eigene Güter,
- für eigene Zwecke,
- Transport mit eigenen Fahrzeugen,
- Einsatz von eigenem Fahrpersonal,
- nur eine Hilfstätigkeit im Rahmen der Unternehmenstätigkeit.

Von den rechtlichen Grundlagen für den Güterkraftverkehr ist als erstes das *Güterkraftverkehrsgesetz (GüKG)* zu nennen. Das GüKG ist das „Grundgesetz" für Gütertransporte auf der Straße.

Frachtvertragsgrundlage für nationale gewerbliche Beförderungen im Güterfernverkehr ist die *Kraftverkehrsordnung (KVO)*. Die KVO enthält Angaben über die Haftung (Umfang, Ausschlüsse, Höhe, Verjährungsfristen), den Frachtvertrag (Abschluß, Frachtbriefangaben, Frachtzahlung), die Ladefristen (Be- und Entladung), die Lieferfristen (Beförderungszeit), den Stückgut- und Wagenladungsverkehr.

Für den gewerblichen Güternahverkehr gelten keine zwingende Verordnungen. Um den Belangen im Güternahverkehr Rechnung zu tragen, wurden die *Allgemeinen Güternahverkehrsbedingungen (AGNB)* entwickelt. Die AGNB werden von Verladern und Transportunternehmen empfohlen. Sie gelten allerdings nur, wenn sie ausdrücklich vereinbart wurden, ansonsten werden individuelle Vereinbarungen oder das HGB zugrunde gelegt.

Im internationalen Güterkraftverkehr gelten die *CMR* (Abkürzung der in Frankreich geschlossenen Vereinbarung). Die CMR stimmen inhaltlich mit der KVO weitestgehend überein.

Der Transport von Gefahrgut auf der Straße unterliegt der *Gefahrgutverordnung Straße (GGVS)*. Im grenzüberschreitenden Verkehr gelten die ADR (ähnlich der GGVS). Die Verordnungen schreiben vor, wie die Güter zu verpacken sind, die Fahrzeuge markiert sein müssen und welche Dokumente zu erstellen sind.

1.4 Luftverkehr

Der Luftverkehr ist der jüngste Verkehrsträger. Die Vielzahl der vorhandenen Flughäfen und der Bau von modernen Flugzeugen ermöglicht eine schnelle weltweite Beförderung von Personen und Gütern. Das Flugzeug wird überwiegend für lange Strecken eingesetzt. Bei kurzen und mittleren Entfernungen (bis etwa 700 Kilometer) werden überwiegend Kraftwagen und Eisenbahnen in Anspruch genommen. Die Vorteile des Luftverkehrs sind Sicherheit, Zuverlässigkeit, Frequenz und Netzdichte. Erhebliche Nachteile sind die sehr hohen Betriebskosten und die begrenzte Ladekapazität der Flugzeuge. Der Luftverkehr befördert weltweit zwar nur ein Prozent der Gesamttonnage, allerdings wertmäßig rund 25 Prozent. Der Grund liegt im Zeitvorteil. Aufgrund der kurzen Transportdauer können teure Warenläger abgebaut werden, und es ergeben sich Zinsgewinne durch die reduzierte Kapitalbindung.

Typische Luftfrachtgüter sind leicht verderbliche bzw. eilige Güter, wie Blumen und Fleisch, Zeitungen, Zeitschriften, eilige Medikamente, hochwertige Waren und Ersatzteile bei Produktionsausfällen.

Flugzeuge gibt es in unterschiedlichen Größen von verschiedenen Herstellern. Das wohl bekannteste Großraumflugzeug ist die Boeing 747. Die Großraumflugzeuge und die kleineren Typen werden als Passagiermaschinen, reine Frachter oder als „Mixed" Version eingesetzt. Je nach Größe der Flugzeuge dürfen die Güter und Lademittel nur einen begrenzten Umfang haben (Ladeluke der Flugzeuge).

Im Luftverkehr werden verschiedene, meist genormte Lademittel eingesetzt. Hierzu zählen Paletten, auf denen die Güter mit Netzen und Spanngurten befestigt werden. Andere Lademittel sind Container mit unterschiedlichen Größen.

Der Luftverkehr kennt die Betriebsformen Linien- und Gelegenheitsverkehr (Charterverkehr). Im Linienverkehr werden flugplanmäßig und regelmäßig bestimmte Strecken geflogen. Ungeachtet der Auslastung werden festgelegte und publizierte Tarife abgerechnet.

Der Gelegenheitsverkehr (Charterverkehr) wird bei Bedarf genutzt. Es wird zwischen dem Versender und der Fluggesellschaft ein Chartervertrag abgeschlossen. Im Charterverkehr liegt das Risiko der Auslastung beim Versender, nicht bei der Fluggesellschaft.

Im nationalen Luftverkehr wird den Frachtverträgen das verbindliche Luftverkehrsgesetz zugrunde gelegt. Sollte das Luftverkehrsgesetz in bestimmten Fällen keine Regelung enthalten, werden in der Regel die Beförderungsbedingungen der *International Air Transport Association (IATA)* herangezogen. Die IATA ist ein Zusammenschluß von Fluggesellschaften weltweit. Im internationalen Luftverkehr gelten das „Warschauer Abkommen" von 1929 (WAK) und das „Haager Protokoll" von 1955 (HP). Das Haager Protokoll ist eine überarbeitete Version des WAK und wird deshalb auch WAK n. F. (neue Fassung) bezeichnet. Sie haben in den Ländern zwingenden Charakter, in denen sie Gesetzeskraft erlangt haben, unter anderem in Deutschland. Der Vertragsabschluß wird durch den Luftfrachtbrief (airwaybill, kurz AWB) dokumentiert.

Für den Transport von gefährlichen Gütern sind sehr strenge Verordnungen zu beachten. Insbesondere die *IATA-DGR (Dangerous Good Regulations)* müssen berücksichtigt werden.

1.5 Binnenschiffahrt

Die Binnenschiffahrt wird überwiegend für die Beförderung von Massengütern (Schüttgut) eingesetzt. Die Vorteile des Binnenschiffs sind die niedrigen Betriebs- und Frachtkosten sowie die hohe Ladekapazität. Der Nachteil liegt in der langen Transportdauer.

Die rechtlichen Grundlagen in der nationalen Binnenschiffahrt sind das Binnenschiffahrtsgesetz und das Binnenschiffsverkehrsgesetz.

Das *Binnenschiffahrtsgesetz* enthält Frachtvertragsbestimmungen und Aussagen zur Haftung. Dieses Gesetz ist abdingbar. In der Praxis werden die Konnossementsbedingungen dem Frachtvertrag zugrunde gelegt, die auf der Rückseite der Frachtpapiere abgedruckt sind. Sie berücksichtigen die aktuellen Belange in der Binnenschiffahrt.

Gefahrguttransporte mit dem Binnenschiff unterliegen der *Gefahrgutverordnung Binnenschiff (GGVBinSch)* im nationalen Verkehr und der *ADNR* (Abkürzung der europäischen Verordnung) im grenzüberschreitenden Verkehr.

1.6 Seeschiffahrt

Die Einsatzmöglichkeiten sowie die Vor- und Nachteile des Seeschiffs entsprechen denen des Binnenschiffs. Es werden verschiedene Schiffsarten eingesetzt, beispielsweise Frachter für Schüttgut. Tanker für flüssige oder gasförmige Stoffe und Containerschiffe.

Die Seeschiffahrt bietet ihre Leistungen als Linienverkehr oder Gelegenheitsverkehr an.

Im *Linienverkehr* werden Stückgüter auf bestimmten Strecken fahrplanmäßig und regelmäßig befördert. Es gelten veröffentlichte Beförderungsbedingungen (Konnossementbedingungen) und Tarife. Die Preise sind höher als im Gelegenheitsverkehr, da die Schiffe bei geringer Auslastung den Transport durchführen müssen.

Der *Gelegenheitsverkehr*, auch als *Trampschiffahrt* bezeichnet, wird meist bei größeren Ladungen (Massengut) genutzt. Die Trampschiffahrt ist ein Chartergeschäft.

Grundsätzlich bestehen keine rechtlichen Grundlagen in der Seeschiffahrt. Dennoch wurden Vereinbarungen auf internationaler Regierungsebene getroffen, um die nationalen Seefrachtrechte anzugleichen. Hierzu zählen die *Haager-Regeln* von 1922, die *Haager-Visby-Regeln* von 1968 und die *Hamburger Regeln* von 1978. Zwar wurden die Haager-Regeln im HGB aufgenommen, da das HGB aber nicht zwingend ist, werden bei den Frachtverträgen die Konnossementsbedingungen vereinbart.

Die Beförderung von gefährlichen Gütern unterliegt der GGVSee, die die internationalen Gefahrgutbestimmungen übernommen hat.

1.7 Spedition

Der Spediteur vermittelt, organisiert und optimiert Transporte für die verladende Wirtschaft. Nach dem HGB übernimmt er gewerbsmäßig die Besorgung von Güterversendungen in eigenem Namen und stellt diese Leistung in Rechnung. Aufgrund der umfangreichen Aufgaben im Transportgewerbe beauftragen Verlader und Transportunternehmen Speditionen. Speditionen beschäftigen sich beispielsweise mit der Erstellung von Transportdokumenten, Frachtabrechnungen, Verzollungen, Schadensbearbeitung und Lagerung. Der Speditionsvertrag basiert auf den *Allgemeinen Deutschen Spediteurbedingungen (ADSp)*. Sie sind nicht verbindlich, gelten aber Kraft stillschweigender Unterwerfung. Für die Beschaffung von Beförderungsleistungen schließt der Spediteur seinerseits Frachtverträge mit den Transportunternehmen ab. Speditionen erhalten für ihre erbrachten Tätigkeiten Provisionen von Transportunternehmen für die Frachtvermittlung und Verwaltungsarbeiten (Rechnungsschreibung, Güterumschlag). Die Berechnung anderer Leistungen erfolgt nach Vereinbarungen mit den Auftraggebern (Verzollung, Lagerung).

2 Transportkosten und Tarife

2.1 Allgemeines

Grundlage für die Frachtberechnung sind Entfernung und Gewicht beziehungsweise das Raummaß. Je nach Güterart ergeben sich unterschiedliche Gewichts- und Volumenverhältnisse. Um dies auszugleichen, werden meist folgende Umrechnungen angewandt:

- Güterkraft- und Bahnverkehr: 1 000 kg = 3 Kubikmeter
- Luftverkehr: 1 000 kg = 6 Kubikmeter
- Binnenschiffahrt: 1 000 kg = 2 Kubikmeter
- Seeschiffahrt: 1 000 kg = 1 Kubikmeter

Zur Frachtberechnung wird das jeweils höhere Gewicht berücksichtigt, das heißt, liegt das „Volumengewicht" über dem wirklichen Gewicht, dann wird das Volumengewicht abgerechnet.

Nationale und internationale Beförderungsleistungen werden überwiegend frei vereinbart.

In bezug auf Kaufverträge wird der Käufer immer Frachtzahler sein. Entweder werden ihm die Frachtkosten vom Transportunternehmer direkt berechnet, oder er zahlt indirekt über den Warenpreis. Unternehmen mit großem Güteraufkommen sollten stets versuchen, auf den Transport und die Verkehrsträger Einfluß zu nehmen. Es können eigene Transportnetze mit eigenen Verkehrsmitteln oder mit vertraglich gebundenen Transportunternehmen besser ausgelastet werden. Eine wirtschaftliche Auslastung bringt niedrige Frachtkosten beim Kauf oder Verkauf von Gütern.

Innerdeutsche Transporte werden nach Tarifen berechnet, die allerdings nur empfehlenden Charakter haben. Preisnachlässe (Margen) sind verhandelbar. Dies ist allerdings erst seit dem 1.1.1994 möglich. Bis dahin waren die Tarife DEGT (Bahn), GNT und GFT (Lkw) sowie FTB (Binnenschiffahrt) zwingend einzuhalten. In den folgenden Abschnitten wird auf die verschiedenen Tarife eingegangen.

2.2 Eisenbahn

Die Frachtkosten im internationalen Eisenbahnverkehr sind dem *Deutschen Eisenbahn-Gütertarif (DEGT)* zu entnehmen. Der DEGT besteht aus dem Regeltarif und den Ausnahmetarifen für bestimmte Güter oder Strecken. Der Regeltarif ist der allgemeine Tarif, allerdings werden nur rund 20 Prozent des Güteraufkommens nach diesem berechnet. Für den Großteil der Sendungen werden die günstigeren Ausnahmetarife angewandt. Die Tarife enthalten nur Kosten von Bahnhof zu Bahnhof. Die veröffentlichten Frachtsätze enthalten keine Mehrwertsteuer, sie ist nach der Frachtkostenberechnung zu ermitteln.

In der Stückgut-Frachtentafel sind die Frachten für Sendungen bis 1 000 kg aufgeführt. Die Hausfracht für Stückgut, der Transport zwischen Bahnhof und Absender oder Empfänger, wird nach der Hausfrachtentafel des DEGT berechnet. Die Hausfrachtentafel ist in 14 Ortsklassen eingeteilt. Die Gemeinden sind im Ortsklassenverzeichnis alphabetisch, mit Ortsklasse, aufgeführt.

Im Wagenladungsverkehr erfolgt die Frachtberechnung anhand des Sendungsgewichts und der Entfernung. Die Fracht ist bereits ausgerechnet dem Tarif zu entnehmen, allerdings basiert dieser auf einem Gewicht von 25 Tonnen. Bei einem niedrigeren oder höheren Gewicht wird die Fracht mittels eines Koeffizienten, der im DEGT aufgeführt ist, errechnet. Margen sind frei verhandelbar.

Kleingutverkehre, wie Expreßdienst, Termindienst oder IC-Kurierdienst, haben eigene Tarife.

2.3 Lastkraftwagen

Im gewerblichen nationalen Güterkraftverkehr wird für den Fernverkehr der *Güterfernverkehrstarif (GFT)* und im Nahverkehr der *Güternahverkehrstarif (GNT)* der Frachtberechnung zugrunde gelegt. Neben dem GNT existieren noch die kostenorientierten unverbindlichen Richtpreis-Tabellen (KURT). KURT ist eine Überarbeitung des GNT, wird in der Praxis jedoch kaum angewandt.

Der GNT ist für Sendungen bis vier Tonnen, bei An- und Abfuhr innerhalb einer Gemeinde als vorangegangener oder nachfolgender Transport und für Beförderungen, die nach besonderen Tarifen abgerechnet werden, nicht verbindlich. Der GNT ist ein Margentarif. Der GNT besteht aus folgenden fünf Tafeln:

- Tafel I (Tages- und Kilometersätze),

- Tafel II (Stundensätze),

- Tafel III (Leistungssätze),

- Tafel IV (gestrichen; ehem. Bundessondertarif für Getreide),

- Tafel V (Frachtsätze für schüttbare Güter).

Der GFT besteht aus dem Regeltarif für Stückgut und Wagenladungsgut sowie den Ausnahmetarifen. Der Regeltarif ist ähnlich wie der DEGT im Eisenbahnverkehr strukturiert. Der GFT beschreibt Zuschläge, zum Beispiel beim Einsatz von Isothermfahrzeugen oder bei Lieferfristverkürzungen. Die Entfernung des Abgangs- und Anlieferortes wird anhand von Formeln des GFT errechnet, es werden nicht die tatsächlich benötigten Kilometer zugrunde gelegt.

Eine Besonderheit im Stückgutverkehr stellen die Kundensatztafeln 1 und 2 dar. Es handelt sich um Haus-Haus-Entgelte, die alle transport- und umschlagsbedingten Kosten vom Absender bis zum Empfänger enthalten. Das Haus-Haus-Entgelt besteht aus dem Kundensatz, einschließlich der Abholung, und der Hausfracht für die Zustellung an den Empfänger. Der Kundensatz wird vom Bundesverband Spedition und Lagerei empfohlen und hat sich in der Praxis durchgesetzt. Je nach Angebot und Nachfrage können Margen vereinbart werden.

2.4 Flugzeug

Die Luftfrachtraten enthalten nur die Beförderungsleistung zwischen zwei Flughäfen. Die Frachtrate wird je kg oder lb (lb – pound – ist die amerikanische Gewichtseinheit, 100 lb = 45,36 kg) angegeben. Veröffentlicht sind die Raten im *TACT (The Air Cargo Tariff)*, auch für nationale Transporte. Der TACT basiert auf Absprachen zwischen den IATA-Fluggesellschaften. Im TACT sind auf bestimmten Flugstrecken verschiedene Ratengruppen aufgeführt:

– Minimum- oder Mindestfracht = Minimumrates,

– allgemeine Frachten = General Cargo Rates,

– Warenklassenraten = Class Rates,

– Spezialwarenraten = Specific Commodity Rates,

– Raten für Waren aller Art = Freight all Kind (FAK) Rates,

- Container- und Paletten-Raten = ULD-Rates (Unit Load Device),
- spezielle Kontraktraten = Special Rates/Contract Rates.

Die Minimumfracht deckt den Mindestaufwand einer Luftfrachtsendung ab. Allgemeine Frachtraten werden in Normalraten und Mengenrabatt-Raten (Gewichtsstaffeln über 45 kg, 100 kg, 300 kg, 500 kg oder ähnlich) gegliedert. Die Warenklassenraten sind bei besonderen Gütern und Warengruppen anzuwenden. Sie sind nicht separat ausgewiesen. Es erfolgt ein prozentualer Zuschlag oder Abschlag auf die Normal-Rate (bis 45 kg). Die Rate findet auch bei Sendungen mit höheren Gewichten Anwendung. Die Spezialwarenraten sind stark reduzierte Frachtraten für bestimmte Warengruppen und Flugstrecken. Sie haben grundsätzlich Vorrang vor anderen Ratengruppen. Die Spezialwarenraten sind in zehn Gruppen mit je vierstelligen Codes unterteilt und im TACT beschrieben. Die FAK-Raten sind in Beträgen pro kg im TACT enthalten, deren Anwendung von den Gütermengen abhängt. In der Praxis ist die FAK-Rate von geringer Bedeutung, sie wurde bisher nur auf wenigen Strecken eingeführt. Die ULD-Raten gelten beim Einsatz von genormten Lademitteln. In diesen Fällen wird bei der Frachtberechnung das Eigengewicht der Lademittel nicht berücksichtigt. Werden andere Lademittel eingesetzt, ist das Eigengewicht mit Frachtkosten zu belasten. Kontraktraten sind besondere Preisabsprachen zwischen Großverlader und Fluggesellschaften.

Nebenleistungen, wie An- und Abfuhr von/zum Flughafen, werden in Deutschland nach dem *Luftfracht-Nebengebührentarif (LNGT)* berechnet. Der LNGT ist zwingend.

2.5 Seeschiff

Die Seefrachtkosten berücksichtigen den Transport zwischen zwei Seehäfen. Frachten sind grundsätzlich, aufgrund des internationalen Verkehrs, frei vereinbar. Dies bezieht sich auf die Linienschiffahrt und das Chartergeschäft (Trampschiffahrt). Die Linienreedereien veröffentlichen ihre Tarife für die Stückgutsendungen. Um den Wettbewerb in Grenzen zu halten, haben sich Linienreedereien kartellartig zu „*Konferenzen*" zusammengeschlossen. Die „Konferenzen" sollen den Verladern eine wirtschaftliche und gute Verkehrsbedienung anbieten. Linienreeder, die sich den „Konferenzen" nicht anschließen, werden „*Outsider*" genannt. Sie sind die Konkurrenten der Konferenzlinien, denn die „Outsider" bieten in der Regel niedrigere Frachtraten an.

2.6 Binnenschiff

Die Frachtraten in der nationalen Binnenschiffahrt werden im *Frachten- und Tarifanzeiger der Binnenschiffahrt (FTB)* veröffentlicht. Neben den Frachtsätzen sind auch Schiffsanteilfrachten (Teilcharter), Schiffsmieten (Vollcharter) und andere Gebühren für Nebenleistungen enthalten. Der FTB ist kein Entfernungstarif wie der GFT, er enthält Frachtsätze für den Transport zwischen zwei Binnenhäfen.

Die Güter werden im FTB in Klassen eingeteilt. Die Frachtsätze sind in DM je 1 000 kg angegeben. Die ermittelte Fracht kann neben den Margen um verschiedene Zuschläge erhöht werden, beispielsweise Eis- und Winterzuschlag, Kleinwasserzuschlag (Niedrigwasser = verminderte Nutzlast) und Geruchszuschläge. Im grenzüberschreitenden Verkehr sind die Frachten frei vereinbar, doch bestehen freiwillige Zusammenschlüsse von Reedereien zu „Pools" und „Konventionen". Sie entsprechen den „Konferenzen" in der Seeschiffahrt.

3 Haftungsgrundlagen und Transportversicherung

3.1 Haftungsgrundlagen

Die Haftungsgrundlagen sind beim Abschluß von Beförderungsverträgen sehr wichtig. Die Vertragspartner verpflichten sich zur Einhaltung der Vereinbarungen, bei Nichterfüllung ist der Gegenpartei Schadenersatz zu leisten. Die gesetzliche Haftung nach HGB und BGB ist abdingbar. Grundlage für die Schadensregulierung sind in der Regel die zwingenden Verordnungen der verschiedenen Verkehrsträger, die jedem Frachtvertrag zugrunde gelegt werden. Dies gilt für nationale und internationale Beförderungsleistungen. Hier sind die bereits erwähnten Verordnungen, wie EVO, CIM, KVO, CMR und WAK, zu nennen. Die Verordnungen regeln die Haftungsvoraussetzungen, die Haftungsausschlüsse und den Haftungsumfang, der üblicherweise eine Höchsthaftungsgrenze nicht übersteigt. Ein typischer Haftungsausschluß sind Kriegsereignisse. Die Haftungsbeschränkungen finden grundsätzlich keine Anwendung bei Schäden, die durch Vorsatz oder grobe Fahrlässigkeit der Transportunternehmen entstehen. In diesen Fällen erfolgt eine Vollhaftung.

Zur Wahrung der Rechtsansprüche bei einem Schadensfall muß der Geschädigte nur nachweisen, daß ein Schaden während des Transports entstanden ist. Dies geschieht mit einem Schadensvermerk auf dem Frachtpapier bei der Anlieferung. Der Transportunternehmer hat die Beweislast, wenn ihn kein Verschulden trifft. Kann der Transportunternehmer beispielsweise beweisen, daß eine mangelhafte Verpackung die Schadensursache war, wird er von der Haftung befreit. Die Gesetzgeber unterscheiden folgende Schadensarten:

- Sachschaden (Beschädigung oder Verlust einer Sache),
- Vermögensschaden (wirtschaftlicher Schaden bei Lieferfristüberschreitung),
- Sachfolgeschaden (Verbindung aus Sach- und Vermögensschaden).

Käufer und Verkäufer müssen sich im Schadensfall mit der Schadensregulierung auseinandersetzen. Im Kaufvertrag ist der Schadensübergang genau zu definieren, um sicherzustellen, wer für einen Schaden aufkommt. Die wichtigsten Klauseln sind in den *Incoterms* und in den *Trade Terms* enthalten.

Kaufvertragsklauseln legen bei nationalen und internationalen Kaufgeschäften die Transportverantwortung, Frachtzahlung und den Gefahrenübergang fest.

3.2 Schadensabwicklung

Nach Feststellung eines sichtbaren Schadens bei Anlieferung, ist dieser in den Frachtpapieren zu vermerken. Der Empfänger muß auf seinem Exemplar den Schaden vom Transportunternehmen (Fahrer) bestätigen lassen. Äußerlich nicht erkennbare Schäden müssen innerhalb bestimmter Fristen (drei bis 14 Tage, je nach Vertragsgrundlage) in schriftlicher Form dem Transportunternehmer mitgeteilt werden, um die Ansprüche zu wahren. Für die Schadensbewertung sind Ursache und Höhe des Schadens anhand von Dokumenten (Gutachten, Handelsrechnung) zu belegen.

3.3 Transportversicherung

Die Transportversicherung wird abgeschlossen, um Güter über die Höchsthaftungsgrenzen der Frachtvertragsgrundlagen hinaus abzusichern. Die in der folgenden Tabelle aufgeführten Höchsthaftungen der verschiedenen Verkehrsträger zeigen, daß viele hochwertige Güter (beispielsweise Computer) im Schadensfall nicht ausreichend versichert sind. In diesen Fällen ist die Transportversicherung erforderlich.

Die Prämie für eine Transportversicherung ermittelt sich anhand des zu versichernden Gutes, des Reiseweges und der Reisedauer. Grundlage sind Promille- oder Prozentsätze des Versicherungswertes, üblicherweise der Handelswert. Die gängigen Rechtsgrundlagen für die Transportversicherung sind das *Versicherungsvertragsgesetz*, das *HGB*, die *Allgemeinen Deutschen Binnen-Transportversicherungsbedingungen (ADB)* und die *Allgemeinen Deutschen See-Transportversicherungsbedingungen (ADS)*.

In der Praxis werden zunehmend für alle Transportarten die ADS zugrunde gelegt, da sie praktikabler sind. Ferner enthalten die ADS eine Haus-Haus-Klausel. Die Haus-Haus-Klausel besagt, daß das Gut beim Entfernen vom Aufbewahrungsplatz des Absenders bis zum Abstellplatz beim Empfänger versichert ist. Die Transportversicherung haftet somit auch für Schäden beim Be- und Entladevorgang, bei Zwischenlagerungen bis zu 30 Tagen und beim Nachtransport bis zu 60 Tagen. Der oberste Grundsatz der ADS ist die totale Gefahrtragung, allerdings bei bestimmten Haftungsausschlüssen, ähnlich denen der Verkehrsträgerhaftung. Die ADS unterscheidet zwei Deckungsformen:

- Strandungsfalldeckung,

- volle Deckung.

Verkehrs-mittel	Lastkraftwagen			Schiff
Haftungs-grundlage	KVO	CMR	AGNB	HGB (Haager Regeln)
Geltungs-bereich	Fernverkehr national	Grenzüber-schreitende Transporte	Nahverkehr	Internationale Seeschiffahrt
Höchsthaftung Sachschäden	80 DM pro kg brutto	8,33 SZR pro kg[1] brutto	100 000 DM	2 SZR pro kg brutto oder 666,67 SZR pro Packstück
Höchsthaftung Vermögensschäden	5 000 DM bei Stückgut 30 000 DM bei Ladungsgut	In Höhe der Fracht und des Nachnahmebetrags[2]	10 000 DM	
Reklamationsfrist bei äußerlich erkennbaren Schäden	bei Annahme	bei Annahme	bei Annahme	bei Auslieferung
Reklamationsfrist bei verdeckten Schäden	7 Tage nach Annahme	7 Tage nach Annahme	7 Tage nach Annahme	3 Tage nach Auslieferung
Verjährungsfrist	1 Jahr	1 Jahr	6 Monate	1 Jahr
Beginn der Verjährung bei Totalverlust	30 Tage nach Ablauf der Lieferfrist	30 Tage nach Ablauf der Lieferfrist		nach Ablauf der Lieferfrist

1 SZR = Sonderziehungsrechte des internationalen Währungsfonds. Die 8,33 SZR entsprechen etwa 20 DM.
2 Wenn der Nachnahmeeinzug mit dem Unternehmer vereinbart wurde.

Tabelle: Haftung der Verkehrsträger im Überblick

	Eisenbahn		Flugzeug	
BschG[3] Nationale Binnenschifffahrt	EVO National	CIM International	Luftverkehrsgesetz National	Warschauer Abkommen International
Gemäß Vereinbarung	100 DM pro kg brutto	17 SZR pro kg brutto	67,50 DM pro kg brutto	53,50 DM pro kg brutto
	Höhe der Fracht	Höhe der doppelten Fracht	67,50 DM pro kg brutto	53,50 DM pro kg brutto
	bei Annahme	bei Annahme	bei Annahme	bei Annahme
	7 Tage nach Annahme	7 Tage nach Annahme	7 Tage nach Annahme	7 Tage nach Annahme
	1 Jahr	1 Jahr	2 Jahre	2 Jahre
	30 Tage nach Ablauf der Lieferfrist	30 Tage nach Ablauf der Lieferfrist		

3 BschG = Binnenschiffahrtsgesetz. Dies ist nicht zwingend, oft werden die Konnosementsbedingungen vereinbart (siehe Abschnitt 2.6).

Die *volle Deckung* findet immer Anwendung, sofern nichts anderes vereinbart wird. Die Versicherer verpflichten sich zur Ersatzleistung bei Beschädigung oder Verlust am versicherten Gut als Folge einer versicherten Gefahr.

Die *Strandungsfalldeckung* hingegen haftet bei Beschädigung oder Verlust, wenn bestimmte Ereignisse die Ursache waren. Diese Ereignisse sind in der ADS definiert, beispielsweise Einsturz von Lagergebäuden.

Käufer und Verkäufer regeln im Kaufvertrag, wer die Transportversicherung abschließt und letztlich die Prämie zahlt.

Literaturverzeichnis

I Abfallwirtschaft

AGR Abfallbeseitigungsgesellschaft Ruhrgebiet mbH (Hrsg.): RZR, Essen 1988

Arbeitsgruppe Entsorgung BME AK Essen: Abfallwirtschaft – eine Aufgabe der Materialwirtschaft, hrsg. v. Bundesverband Materialwirtschaft und Einkauf e. V., 2. Aufl., Frankfurt 1987

BDE Bundesverband der deutschen Entsorgungswirtschaft e. V., Fach- und Arbeitgeberverband (Hrsg.): Entsorgung '95. Taschenbuch der Entsorgungswirtschaft, Bonn 1995

Biergans, B.: Zur Entwicklung eines marketingadäquaten Ansatzes und Instrumentariums für die Beschaffung, Bd. 1 der Beiträge zum Beschaffungsmarketing, hrsg. v. U. Koppelmann, Köln 1984

Bloech, J.: Die Abfallwirtschaft im Blickpunkt des Material-Managements – Eine neue Herausforderung, in BA, Heft 11 1987

Blom, F.: Die ökologisch orientierte Materialwirtschaft – Materialwirtschaft und Umweltschutz –, Frankfurt 1989

Blom, F.: Recycling und Umweltschutz, Chancen und Gefahren, in BA, Heft 1 1986

Bundesminister für Umwelt, Naturschutz und Reaktorsicherheit (Hrsg.): Was Sie schon immer über Abfall und Umwelt wissen wollten, 2. Aufl., Stuttgart/Berlin/Köln/Paris 1988

ENTSORGA, gemeinnützige Gesellschaft zur Förderung der Abfallwirtschaft und Städtereinigung mbH (Hrsg.): Umweltschonende Entsorgung, Das Konzept der Deutschen Entsorgungswirtschaft, Köln o. J.

Fieten, R.: Integrierte Materialwirtschaft – Definition-Aufgaben-Tätigkeiten, hrsg. v. Bundesverband Materialwirtschaft und Einkauf e. V., Frankfurt 1984

Fleischhauer, W.: Neue Technologien zum Schutz der Umwelt, Einführung in primäre Umwelttechnik, Essen 1984

Gabler Wirtschafts-Lexikon, 13. Aufl., Wiesbaden 1994

Gässler, W. / Sander, P.: Taschenbuch Betriebliche Abfallwirtschaft, Berlin 1981

Hammann, P. / Erichsen, B.: Marktforschung, Stuttgart 1978

Heinen, E.: Grundfragen der entscheidungsorientierten Betriebswirtschaftslehre, Augsburg 1976

Hildebrandt, H.: Zur Entwicklung und Überprüfung zieladäquater Beschaffungsmaßnahmen des Investitionsgüterbereiches „Maschinelle Anlagen", Bd. 8 der Beiträge zum Beschaffungsmarketing, hrsg. v. U. Koppelmann, Köln 1989

Hucke, J. e. a.: Umweltschutz in der öffentlichen Vergabepolitik, Forschungsbericht des Institutes für Stadtforschung Berlin, hrsg. v. Umweltbundesamt als UBA-Texte 3/81

Hüttner, M.: Grundzüge der Marktforschung, 4. Aufl., Berlin/New York 1989

Koppelmann, U.: Produktmarketing, Entscheidungsgrundlage für Produktmanager, 2. Auflage, Stuttgart/Berlin/Köln/Mainz 1987

Koschnik, W. J.: Standard-Lexikon für Marketing, Marktkommunikation, Markt- und Mediaforschung, München/London/New York/Oxford/Paris 1987

Meyer, Chr.: Beschaffungsziele, Bd. 5 der Beiträge zum Beschaffungsmarketing, hrsg. v. U. Koppelmann, Köln 1986

Panz, R. G.: Recycling, Wiesbaden o. J.

Petersen, F.: Wichtige Neuerungen beim Kreislaufwirtschafts- und Abfallgesetz, in: BWK/TÜ/Umwelt-Special, Oktober 1994

Rethmann, N.: Entsorgung in Europa – Beitrag zu mehr Umweltschutz, in: Entsorgung in Europa – Beitrag zu mehr Umweltschutz, Dokumentation Entsorga-Congress '89, hrsg. von ENTSORGA GmbH, Köln o. J.

Stahlmann, V.: Umweltorientierte Materialwirtschaft. Das Optimierungskonzept für Ressourcen, Recycling, Rendite, Wiesbaden 1988

Stangl, U.: Beschaffungsmarktforschung – ein heuristisches Entscheidungsmodell, Bd. 2 der Beiträge zum Beschaffungsmarketing, hrsg. v. U. Koppelmann, Köln 1985

Sutter, H.: Vermeidung und Verwertung von Sonderabfällen – Grundlagen, Verfahren, Entwicklungstendenzen, Berlin 1987

Töpfer, K.: Kreislaufwirtschaft statt Abfallbeseitigung, in: Umwelt Nr. 9/1992

Umweltbundesamt (Hrsg.): Daten zur Umwelt 1986/87, Berlin 1986

Umweltbundesamt (Hrsg.): Umweltfreundliche Beschaffung, Handbuch zur Berücksichtigung des Umweltschutzes in der öffentlichen Verwaltung und im Einkauf, 2. Aufl., Wiesbaden und Berlin 1989

Winter, G.: Umweltbewußte Unternehmensführung, eine Chance auch für die Materialwirtschaft, in BA, Heft 11 1989

II Gütertransportwirtschaft

Bichler, K. / Schröter, N.: Praxisorientierte Logistik, Stuttgart 1995

Bundesministerium für Wirtschaft: ABC der Europäischen Gemeinschaft; Leitfaden zum EG-Binnenmarkt

Cooper, J. / Browne, M. / Peters, M.: European Logistics, 2. Aufl., Cambridge 1992

Danzas GmbH: Danzas-Lotse 1993, Düsseldorf 1992

Deutsche Verkehrszeitung (DVZ), Hamburg (versch. Ausgaben)

Eichner, W.: Materialwirtschaft, Wiesbaden 1992

Gabler Wirtschafts-Lexikon, 13. Aufl., Wiesbaden 1994

Hopfenbeck, W.: Allgemeine Betriebswirtschafts- und Managementlehre, Berlin 1989

Ihde, G. B.: Transport, Verkehr, Logistik, 2. Aufl., München 1991

Kockrow, E. / Strache, H.: Transport und Warenannahme, Wiesbaden 1980

Lorenz, W.: Leitfaden für die Berufsausbildung des Spediteurs, Teil 1 und Teil 2, 13. Aufl., Hamburg 1990

Oelfke, W. / Landbeck, H.: Güterverkehr und Spedition, Hamburg 1980

Stichwortverzeichnis

I Abfallwirtschaft

A

Abfall 9, 12
- Struktur des Abfallaufkommens 42
Abfall- und Reststoffüberwachungs-Verordnung 59
Abfall-Bestimmungs-Verordnung 58
Abfallbeseitigungsgesetz (AbfG) 14, 55
Abfallbilanz 67
Abfallbörsen 45
Abfallentsorgung 49
Abfallgesetz (AbfG) 14, 56
Abfallvermeidung 13
Abfallwirtschaft
- Kostengrenzen 16
- Wettbewerbsgrenzen 17
Abfallwirtschaftliche Marktforschung 26
Abfallwirtschaftliche Ziele 1
Abfallwirtschaftlicher Planungsprozeß 19
Abfallwirtschaftskonzept 67

B

Beschaffungsmarketing 34
Beschaffungsmarktforschung 26, 33

D

Deponie 50

E

Entsorgung 9, 11, 33
- Anforderungsprofile 36
- EG-Sicherheitsdatenblatt 43
- Einkäufertätigkeiten 33
- Schnittstellen mit anderen Unternehmensbereichen 37
Entsorgungsnachweis 59

G

Gefahrgutverordnung Straße 62

H

Hausmülldeponie 9, 50

K

Kompostierung 53
Kreislaufwirtschafts- und Abfallgesetz 65

M

Marktforschung 26

P

Problemstoffe 9 f.

R

Recycling 43
Rückstände 9

S

Sonderabfallbeseitigung 9
Sonderabfalldeponie 50

U

Umweltschutzgesetze und -verordnungen 54
Unproblematische Stoffe 9 f.
Untertagedeponie 51

V

Verbrennung 52
Verwertung 43

W

Weiterverarbeitung 47
Weiterverwendung 48
Weiterverwertung 47
Wiederverwendung 48
Wiederverwertung 46
Wirtschaftsgut 9

II Gütertransportwirtschaft

A

Allgemeine Deutsche Binnen-Transportversicherungsbedingungen (ADB) 89
Allgemeine Deutsche See-Transportversicherungsbedingungen (ADS) 89
Allgemeine Deutsche Spediteurbedingungen (ADSp) 79
Allgemeine Güternahverkehrsbedingungen (AGNB) 75

B

Beförderungsbedingungen der International Air Transport Association (IATA) 77
Binnenschiffahrt 78
Binnenschiffahrtsgesetz 78

D

Deutscher Eisenbahn-Gütertarif (DEGT) 82

E

Eisenbahnverkehr 71
Eisenbahnverkehrsordnung (EVO) 73
Expreßdienst 72

F

Frachtberechnung 81
Frachten- und Tarifanzeiger der Binnenschiffahrt (FTB) 86

Gebrochener Verkehr 70
Gefahrgutverordnung Binnenschiff (GGVBinSch) 78
Gelegenheitsverkehr 70, 77
Güterfernverkehr 74
Güterfernverkehrstarif (GFT) 83
Güterkraftverkehr 74
– gewerblicher 74
Güterkraftverkehrsgesetz (GüKG) 75
Güternahverkehr 74
Güternahverkehrstarif (GNT) 83
Gütertransportwirtschaft 69

H

Haftung der Verkehrsträger 90
Haftungsgrundlagen 87

I

IATA-DGR (Dangerous Good Regulations) 77
IC-Kurierdienst 72
Incoterms 88

K

Kombinierter Verkehr 72
Konferenzen 86
Kraftverkehrsordnung (KVO) 75

L

Ladungsverkehr 70

99

Linienverkehr 69, 77
Luftfracht-Nebengebührentarif (LNGT) 85
Luftfracht-Ratengruppen 84
Luftverkehr 76

M

Minimumfracht 85

O

Outsider 86

S

Sammelgutverkehr 70
Schadensabwicklung 88
Schadensarten 87
Schwerlastverkehr 72
Seefrachtkosten 86
Seeschiffahrt 78
 – Gelegenheitsverkehr 79
 – Linienverkehr 79
Spedition 79
Strandungsfalldeckung 92

T

TACT (The Air Cargo Tariff) 84
Tarife 81
Termindienst 72
Trade Terms 88
Trampschiffahrt 79
Transportkosten 81
Transportversicherung 89
 – Rechtsgrundlagen 89

U

Ungebrochener Verkehr 70

V

Verkehrsleistungen 69
Verkehrsträger 69
 – Leistungsmerkmale 70
Versicherungsvertragsgesetz 89
Volle Deckung 92

W

Werkverkehr 74

Reihe Praxis der Unternehmensführung

K. Balzer
Finanzbuchhaltung
104 S., ISBN 3-409-13558-8

K. Balzer
Buchungen zum Jahresabschluß
76 S., ISBN 3-409-13520-0

G. Bähr/W. F. Fischer-Winkelmann/R. Fraling u.a.
Buchführung – Leitlinien und Organisation
144 S., ISBN 3-409-13968-0

S. Braun/K.König
Abfallwirtschaft · Gütertransportwirtschaft
108 S., ISBN 3-409-17928-3

J. Bussiek
Buchführung – Technik und Praxis
100 S., ISBN 3-409-13978-8

J. Bussiek/R. Fraling/K. Hesse
Unternehmensanalyse mit Kennzahlen
92 S., ISBN 3-409-13984-2

H. Dallmer/H. Kuhnle/J. Witt
Einführung in das Marketing
142 S., ISBN 3-409-13972-9

H. Diederich
Grundlagen wirtschaftlichen Handelns
92 S., ISBN 3-409-13548-0

O. D. Dobbeck
Wettbewerb und Recht
108 S., ISBN 3-409-13966-4

U. Dornieden/F.-W. May/ H. Probst
Unternehmensfinanzierung
140 S., ISBN 3-409-13985-0

U.-P. Egger
Kreditmanagement im Unternehmen
80 S., ISBN 3-409-13993-1

U.-P. Egger/P. Gronemeier
Existenzgründung
100 S., ISBN 3-409-18306-X

B. Eggers/M. Eickhoff
Instrumente des Strategischen Controlling
ca. 100 S., ISBN 3-409-17927-5

W. Eichner
Lagerwirtschaft
92 S., ISBN 3-409-13517-0

D. Glüder
Förderprogramme öffentlicher Banken
120 S., ISBN 3-409-13987-7

W. Hilke
Bilanzieren nach Handels- und Steuerrecht
Teil 1: 134 S.,
ISBN 3-409-13980-X
Teil 2: 160 S.,
ISBN 3-409-13981-8

D. Hofmann
Planung und Durchführung von Investitionen
112 S., ISBN 3-409-13994-X

H. Hub
Aufbauorganisation · Ablauforganisation
100 S., ISBN 3-409-18311-6

L. Irgel/H.-J. Klein/M. Kröner
Handelsrecht und Gesellschaftsformen
122 S., ISBN 3-409-13965-6

G. Jeuschede
Grundlagen der Führung
74 S., ISBN 3-409-18312-4

T. Kaiser
Personalwirtschaft
84 S., ISBN 3-409-13996-6

S. Klamroth/R. Walter
Vertragsrecht
106 S., ISBN 3-409-13967-2

S. Kosbab u.a.
Wirtschaftsrechnen in Unternehmen und Banken
274 S. (Doppelband),
ISBN 3-409-13553-7

A. Kretschmar
Angewandte Soziologie im Unternehmen
88 S., ISBN 3-409-18310-8

V. Kunst
Angewandte Psychologie im Unternehmen
80 S., ISBN 3-409-18309-4

M. Lensing
Materialwirtschaft und Einkauf
156 S. (Doppelband),
ISBN 3-409-13529-4

J. Löffelholz
Grundlagen der Produktionswirtschaft
84 S., ISBN 3-409-13990-7

J. Löffelholz
Kontrollieren und Steuern mit Plankostenrechnung
72 S., ISBN 3-409-13991-5

J. Löffelholz
Lohn und Arbeitsentgelt
80 S., ISBN 3-409-13818-8

J. Löffelholz
Unternehmensformen und Unternehmenszusammenschlüsse
68 S., ISBN 3-409-13989-3

H. Lohmeyer/L. Th. Jasper/ G. Kostka
Die Steuerpflicht des Unternehmens
138 S., ISBN 3-409-13986-9

W. Pepels
Handelsmarketing
132 S., ISBN 3-409-13515-4

W. Pepels
Marketingforschung und Absatzprognose
124 S., ISBN 3-409-13514-6

W. Pepels
Werbung und Absatzförderung
216 S. (Doppelband),
ISBN 3-409-18313-2

D. Scharf
Grundzüge des betrieblichen Rechnungswesens
110 S., ISBN 3-409-13988-5

D. Scharf
Handelsrechtlicher Jahresabschluß
124 S., ISBN 3-409-13914-1

T. Scherer
Markt und Preis
104 S., ISBN 3-409-18308-6

W. Teß
Bewertung von Wirtschaftsgütern
140 S., ISBN 3-409-13889-7

H. D. Torspecken/H. Lang
Kostenrechnung und Kalkulation
152 S., ISBN 3-409-13969-9

H. J. Uhle
Unternehmensformen und ihre Besteuerung
110 S., ISBN 3-409-13979-6

P. W. Weber/K. Liessmann/ E. Mayer
Unternehmenserfolg durch Controlling
160 S., ISBN 3-409-13992-3

J. Witt
Absatzmanagement
132 S., ISBN 3-409-13895-1

J. Witt
Verkaufsmanagement
128 S., ISBN 3-409-13557-X

MIX
Papier aus verantwortungsvollen Quellen
Paper from responsible sources
FSC® C105338

If you have any concerns about our products,
you can contact us on
ProductSafety@springernature.com

In case Publisher is established outside the EU,
the EU authorized representative is:
**Springer Nature Customer Service Center GmbH
Europaplatz 3, 69115 Heidelberg, Germany**

Printed by Libri Plureos GmbH
in Hamburg, Germany